논·술·세·계·대·표·문·학

49

제인 에어

샬롯 브론테 | 박상란 엮음

H 훈민출판사

아일랜드 더블린의 성 패트릭
성당

The Best World Literature

샬럿 브론테의 초상화

샬럿 브론테가 입었던 드레스

〈제인 에어〉의 게이츠헤드 저택의
모델이 된 집

〈제인 에어〉의 삽화
- 페어팩스 부인

브론테 자매가 살던 목사관 - 현재는 박물관이 되었다.

〈제인 에어〉의 삽화 - 제인과 로체스터

영화 〈제인 에어〉의 한 장면 - 로체스터와 제인의 결혼식이 중지되는 장면이다.

The Best World Literature

브론테 자매의 고향인 하워스의 거리

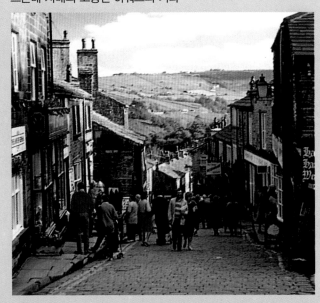

〈제인 에어〉의 삽화 - 로체스터 씨와 제인이 얘기를 나누고 있고, 옆에서는 아델이 놀고 있다.

구인환(丘仁煥)

서울대학교 사범대학 졸업. 동 대학원 졸업(문학박사)
서울대학교 명예교수, 소설가(현). 서울대학교 사범대학 국어교육연구소 소장(현)
문학과문학교육연구소 소장(현). 국제펜 한국본부 부회장(현)
한국소설문학상(1987). 예술문화대상(1994). 한국문학상(2000)
작품 〈숨쉬는 영정〉, 〈살아 있는 날들〉, 〈일어서는 산〉 외 다수

• **저서** 《한국단편소설의 이해》, 《한국현대소설의 비평적 성찰》,
　　　 《고교생이 알아야 할 소설》, 《고교생이 알아야 할 세계단편소설》 외 다수

윤병로(尹柄魯)

성균관대학교 국어국문학과 졸업. 동 대학원 졸업(문학박사)
성균관대학교 교수, 문학평론가(현). 한국현대소설학회장(현)
한국문예학술저작권협회 이사(현). 한국간행물윤리위원회 위원(현)
한국펜 문학상(1987). 한국문학상(1988). 대한민국문학상(1989)
수필집 《나의 작은 애인들》 외 다수

• **저서** 《현대 작가론》, 《한국 현대 소설의 탐구》,
　　　 《한국 근대 작가 작품 연구》, 《한국 현대 작가의 문제작 평설》 외 다수

홍성암(洪性岩)

고려대학교 국어국문학과 졸업. 한양대학교 대학원 국어국문학과 졸업(문학박사)
동덕여자대학교 교수, 소설가(현). 한국문인협회 회원(현)
한국소설가협회 이사(현). 국제펜 한국본부 소설분과 이사(현). 한민족 문화학회 회장(현)
창작집 《큰 물로 가는 큰 고기》, 《어떤 귀향》 외
대하역사소설 《남한산성》 (전9권) 외 다수

• **저서** 《문학의 이해》, 《현대 작가론》, 《한국 근대 역사소설 연구》 외 다수

기획 · 감수

브론테 자매가 어렸을 때 즐겨 읽던 책

논술 *세계대표문학*을 펴내며

　21세기의 사회는 **'전자 문명 시대'**라 일컬어질 만큼 오늘날 전자 산업은 우리 생활의 거의 모든 분야에 다양하게 응용되고 있습니다. 출판 분야 또한 예외는 아니어서, 종래의 서책(Book) 대신에 이른바 '전자책(CD-ROM)'의 출간이 최근 들어 날로 증가하고 있습니다.

　그러나 이러한 전자책은 영상 또는 모니터상으로 흥미 위주나 백과사전식 지식을 습득하는 데는 효과적일지 모르지만, 문학 공부를 위해서는 별로 도움이 되지 않습니다. 바꾸어 말하면, 문학 공부는 각 지면마다 살아 숨쉬는 표현 하나하나를 독자 자신의 머리로 음미하면서 작품을 읽어 나가는 가운데, 풍부한 상상력의 배양과 함께 작가의 의도와 그 작품의 내면을 깊이 있게 이해함으로써 이루어지는 것입니다.

　이에 훈민출판사에서는, 자라나는 학생들이 범람하는 영상 매체에 길들여지기 전에, 어려서부터 유명한 세계문학 작품들을 책자를 통하여 감명 깊게 읽고 감상함으로써, 올바른 문학 공부의 기틀을 다지고, 아울러 전인 교육도 할 수 있도록 《논술 세계대표문학(전60권)》을 펴내게 되었습니다.

　작품 선정은, 초·중·고등학교 국어 교과서와 역사 교과서에 실리거나 소개된 문학 작품을 중심으로 하되, 그리스 신화와 성경 이야기 등의 고전에서부터 중세·근대·현대에 이르기까지 세르반테스·셰익스피어·톨스토이 등 세계 유명 작가들의 장·단편 소설들을 엄선·수록하였습니다. 또 세계의 명시도 별권으로 엮었으며, 특히 각 단락마다 **'논술 문제'**를 제시하여, 장차 대학입시를 비롯한 각종 '논술 고사'에 예비 지식을 쌓을 수 있도록 배려하였습니다. 아무쪼록, 이 《논술 세계대표문학(전60권)》이 자라나는 학생들에게 문학 공부의 주춧돌이 되고, 나아가 미래를 살아가는 데 **정신적 자양분**이 되기를 진심으로 바라 마지않습니다.

훈민출판사

차례

제인 에어

샬럿 브론테

지은이

1816 ~1855년. 영국 요크셔 지방의 하워드에서 출생. 다른 자매들과 함께 기숙학교에 입학했으나 꾸준히 학업을 잇지는 못했다. 1842년 여동생 에밀리 브론테와 함께 벨기에로 건너가 브뤼셀의 학교에 입학했지만 11월에 살림을 돌봐 주고 있던 이모가 죽어 다시 영국으로 건너왔다.

그 무렵 에밀리가 시를 쓰고 있음을 알게 되어 세 자매가 함께 시집을 출판했으나 팔리지 않았다. 하지만 곧바로 출간한 〈제인 에어〉가 좋은 평가를 받아 일시에 유명해졌다. 세 동생이 자신보다 먼저 죽음으로써 우울하고 고독한 생활을 하던 샬럿 브론테는 오로지 창작에만 몰두하였고, 그 결과 영국 소설사에 확고한 위치를 만들어 나갔다.

제인 에어

1

날씨가 너무 추워 산책할 수가 없었다. 나는 다행이라고 생각했다. 차가운 겨울바람과 먹구름, 그리고 비가 쏟아지는 길을 산책하는 것은 별로 기분 좋은 일이 아니다.

날씨가 추운 날 산책하는 것은 딱 질색이다. 엘리자, 존, 조지아나에 비해 몸이 약한 것을 들키는 것도 별로 좋은 일은 아니었다.

집으로 돌아오자마자 아이들은 자기의 어머니 옆으로 모여들었다. 아이들에게 둘러싸인 리드 부인의 얼굴은 행복해 보였다. 부인은 내가 자기 아이들과 노는 것을 싫어했다. 리드 부인은 나의 외숙모다.

"제인, 조금만 상냥하고 명랑해지렴. 말하는 것도 지금보다 쾌활해지면 아이들과 노는 것을 허락해 주지. 베시가 네가 달라졌다고 말하면 말야."

베시는 이 집 보모였다.

"베시가 뭐라고 하던가요?"

"이것 봐라. 나는 네가 이렇게 대들 듯이 말하는 게 영 마음에 안 들어. 제발 안 보이는 곳으로 가서 얌전히 앉아 있거라!"

나는 쓸쓸히 거실 옆에 붙어 있는 작은 식당으로 들어갔다. 그 방에는 책장이 하나 있었다. 나는 평소에 점찍어 둔 그림책 한 권을 꺼내어 창턱에 올라가 앉아서 읽었다. 나를 야단치는 사람도 없는 이 곳에서 그림책을 보고 있을 때가 나는 제일 행복했다. 그러나 그 행복한 시간은 오래 가지 못했다.

"제인, 어디 있어?"

이 집 말썽꾸러기 아들 존이 식당 문을 열면서 나를 찾고 있었다.

'또 무얼 갖고 나를 괴롭히려고?'

나는 창문 커튼으로 내 몸을 살짝 가렸다. 그러나 존에게 들킬까 봐 염려하지는 않았다. 존은 성격이 급해서 꼼꼼히 찾아보지도 않고 식당을 나갈 것이 틀림없을 테니까.

"제인! 제인! 에이, 이 계집애, 어디로 간 거야? 엄마한테 일러야지. 비가 오는데 밖에 나가 논다고!"

그런데 이 때 엘리자가 방 안을 들여다보며 말했다.

"분명히 창가에 있을 거야!"

나는 그 말에 하는 수 없이 존에게 갔다.

"나에게 무슨 볼일이라도……."

존은 흔들의자에 앉더니 나보고 가까이 와 보라고 손짓했다. 존은 나보다 네 살이 더 많은 열네 살이었다. 나이에 비해 체격이 크고 뚱뚱했다. 피부는 거무스름했고 손과 발 얼굴이 모두 컸다. 존은 몸이 아프다며 한두 달 전부터 학교에 가지 않고 집에 있었다.

존은 어머니나 누나들을 좋아하지 않는 것 같았다. 특히 존은 나를 미워했다. 존은 아무 이유 없이 툭하면 나를 괴롭혔고 못살게 굴었다. 나는 존이 가까이 오는 것이 두려웠다. 그러나 그런 괴로움을 누구에게도 말할 수 없었다. 존은 어머니인 리드 부인이 없으면 더욱더 나를 괴롭혔다.

나는 존이 앉아 있는 의자 가까이 갔다. 그러다가 혹시 나를 때릴지도 모른다는 생각에 다시 몇 걸음 뒤로 물러났다.

그런데 존은 아무 말도 없이 갑자기 나를 때렸다.

나는 휘청하며 흔들렸지만 곧 몸의 중심을 잡았다.

"이건 아까 우리 엄마한테 대든 벌이야. 그리고 창가에 숨어 있었던 벌이고."

"……."

"그래, 창가에 숨어서 뭘 하고 있었지?"

"책을 읽었어."

"이리 가지고 와 봐."

나는 창가에 있던 그림책을 존에게 주었다.

"이런 건방진 년! 이 책은 우리 집 책이야. 네 까짓 게 뭔데 감히 우리 집 물건에 손을 대? 너는 그럴 권리가 없어. 왜지 알아? 너희 아버지가 유산을 한 푼도 남기지 않고 죽었기 때문이야. 그런데 네가 부잣집인 우리 집에 와서 우리와 똑같은 음식을 먹는단 말이야? 우리 엄마 돈으로 산 옷을 입고 말이야. 난 그게 기분 나빠. 앞으로 한 번 더 내 책장을 뒤지면 가만 두지 않을 거야. 문 앞에 가서 서."

나는 존이 어떤 마음으로 그런 말을 하는지 모르고 잠자코 문 앞에 가서 섰다. 존은 들고 있던 책을 나에게 집어던졌다. 나는 겁을 먹고 나도 모르게 소리를 지르며 피했다. 하지만 때는 늦었다. 나는 책 모서리에 정확하게 맞았고 쓰러지면서 머리를 문에 부딪혔다. 무척 아팠다. 나는 존을 이해할 수 없었다.

존을 두려워했던 마음이 사라지고 내 안에 분노가 가득 넘쳤다. 그러고는 소리를 질렀다.

"너무해! 너무해! 왜 나를 이렇게 괴롭히는 거야? 내가 뭘 잘못했다고 나를 괴롭히는 거야?"

"뭐, 뭐라고?"

존은 갑자기 나에게 달려와 어깨와 머리를 잡아당겼다. 나도 미친 듯이 존에게 덤벼들었다. 존은 계속해서 나의 머리를 잡아당기면서 욕을 해 댔다.

"나쁜 년! 나쁜 년!"

나는 나를 '나쁜 년'이라고 말하는 것에 더 화가 나 존을 잡아당기며 싸웠다. 집 안에 있던 사람들이 달려왔다. 엘리자와 조지아나 그리고 리드 외숙모가 왔다. 그리고 하녀인 베시와 애버트도 왔다. 하녀들은 나와 존을 떼어 놓고 한 마디씩 했다.

"감히 존 도련님에게 달려들다니."

"이렇게 싸우는 것은 처음 봤어."

외숙모는 나를 노려보더니 말했다.

"붉은 방에 가둬 버려!"

그리고는 존의 다친 상처를 손수건으로 닦아 주었다.

나는 하녀들 손에 이끌려 붉은 방으로 끌려올라갔다.

2

나는 존에게 대들 만한 그런 용기가 어디에 있었는지 스스로에게 놀랐다. 나는 정말 제정신이 아니었던 것 같다. 나는 될 대로 되라는 식으로 거칠게 반항했다.

"애버트, 제인 손을 좀 잡아 봐요. 꼭 미친 고양이 같네."

"제인 아가씨, 도련님한테 대들면 어떻게 해요? 주인집 아드님이란 걸 잊었어요?"

"주인이라고? 그럼 난 이 집 하녀란 말인가요?"

나는 지지 않고 악을 쓰며 대들었다.

하녀들은 나를 붉은 방에 집어던지다시피 하며 가두었다.

"조용히 하지 않으면 묶어 버릴 거예요."

그러더니 끈으로 나를 묶으려 했다. 나는 손과 발이 묶여 이 방에 있을 것을 생각하니 두려웠다.

"묶지 마. 가만히 있을게."

"정말, 조용히 해야 돼요."

베시는 내가 얌전해지자 잡고 있던 손을 놓았다. 그리고 나를 보며 이렇게 말했다.

"전에는 안 그랬는데 왜 그랬어요?"

그러자 애버트가 말했다.

"무슨 소리야. 항상 그랬어. 그래서 가끔 마님께 내 생각을 말씀드렸어. 이렇게 앙칼지고 성격 더러운 애는 처음이라고!"

"제인 아가씨, 리드 부인에게 은혜를 입고 있다는 사실을 잊지 말아요. 만일 리드 부인이 아가씨를 쫓아내면 갈 데도 없잖아요?"

나는 할 말이 없었다. 솔직히 말해서 나는 이 집에서 더부살이를 하고 있는 사람이었으니까.

애버트가 말했다.

"그러니까, 제인은 이 집 아이들과 같다고 생각하면 안 돼. 어른들과 아이들에게 겸손하게 굴어. 그리고 모두의 맘에 들도록 노력해야 하는 거야."

그러자 베시도 말했다.

"이렇게 말하는 건 모두 아가씨를 위해서예요. 앞으로는 잘해 보도록 노력해 봐요. 그럼, 이 댁에서 오래 살 수 있어요. 하지만 거칠게 행동하면 마님이 쫓아낼 겁니다."

"그럼, 그렇고말고. 이런 아이는 하느님도 좋아하시지 않을 거라고. 자 베시, 그만 나가. 난 저런 애는 딱 질색이라니까."

하인들은 나가면서 문에 자물쇠를 채웠다. 이 방은 보통 때는 쓰지 않는 방으로 사람이 자는 일은 거의 없었다. 그래서 불을 피우지 않아 냉기가 돌았다. 또 사람들이 드나드는 방이나 부엌과는 멀리 떨어져 있어 섬뜩할 정도로 조용했다.

붉은 방에 혼자 남겨진 나는, 지금까지 나에게 일어난 일들을 생각해 보았다. 존의 폭행과 엘리자와 조지아나의 냉대, 리드 외숙모의 미움, 하인들의 편애…….

'왜 나는 고통을 당해야 할까? 사랑을 받으려고 아무리 애를 써도 사랑 받지 못하는 이유는 무얼까?'

엘리자는 고집이 세고 이기적인 아이였다. 조지아나는 툭하면 응석을 부렸다. 존은 비둘기의 목을 비틀고 툭하면 화단의 꽃을 꺾는 아이였다. 하지만 누구 하나 그 아이들을 야단치지 않았다. 그들은 여전히 외숙모의 사랑스럽고 귀여운 아이들이었다.

하지만 나는 아니었다. 남에게 나쁜 소리를 듣지 않으려고 노력하고 착한 일을 하더라도 나는 늘 말썽꾸러기였다. 또한 화를 잘 내고 잘 삐치는 아이라는 소리를 들어야 했다.

'나는 정말 억울해!'

나는 이 집에서 어울리지 않는 사람이었다. 하녀들과도 어울릴 수 없었다. 하녀들도 나를 못마땅하게 여겼으니까.

어느덧 날이 저물었는지 붉은 방이 캄캄해졌다. 어두워질수록 방은 점점 더 추워졌다.

내 몸은 돌처럼 차가워졌다. 나는 슬펐다. 갑자기 게이츠헤드 교회 지하실에 묻힌 리드 외삼촌이 생각났다. 리드 외삼촌에 대한 기억은 별로 없다.

외삼촌은 고아가 된 아기인 나를 이 집으로 데리고 왔다는 것, 돌아가실 때 외숙모에게 나를 자기 아이들처럼 키우라고 했다는 것 정도만 알고 있었다.

어쩌면 리드 외숙모는 자기는 그 약속을 잘 지키고 있다고 생각할지도 모른다. 외숙모의 성격으로는 틀림없이 그만하면 됐다고 생각할 것이다.

'죽은 사람은 자기가 살았을 때 자기가 부탁하거나 남긴 말이 지켜지지 않으면, 무덤 속에서 마음이 편하지 않아 약속을 안 지킨 사람에게 벌을 준다지…….'

나는 리드 외삼촌의 넋이 구박받는 조카의 모습이 안쓰러워서, 이 방에 나타날지도 모른다고 생각했다. 나는 눈물을 닦고 입술을 깨물며 울음을 참았다.

그렇게 그 날 나는 두려움에 떨고 슬픔을 참으며 잠이 들었다.

3

잠시 후, 나는 누군가가 나를 보살피고 있다는 느낌이 들었다. 지금까지 어느 누구에게도 느껴 보지 못한 부드러운 손길이 나의 머리를 쓰다듬고 있었다. 나는 누군가의 팔에 머리를 기대고 있었다. 머리가 맑아졌다. 나는 내가 침대 위에 있다는 것을 알았다.

'여기가 어디일까?'

베시가 침대 옆에서 대야를 들고 서 있었고, 내 쪽으로 어떤 남자 어른 한 분이 앉아 있었다. 나는 그 남자 어른에게서 말할 수 없는 편안함을 느꼈다. 아늑했다. 나는 찬찬히 그 남자 어른의 얼굴을 살폈다. 그는 로이드 아저씨였다. 그는 이 집 식구들이 병이 날 때 오는 의사였다.

"내가 누군지 알겠니? 제인!"

로이드 씨는 내 손을 잡고 살며시 웃으며 말했다.

"조금 있으면 괜찮아질 거야."

로이드 씨는 베시에게 내가 밤새 푹 잘 수 있도록 해 주라고 했다. 그리고 몇 가지 당부의 말을 하고 방을 나갔다. 그가 방을 나가자 방이 갑자기 어두워진 것 같았다.

아늑하고 편안했던 마음은 사라지고 나에게 다시 슬픔이 밀려왔다.

"잘 수 있겠어요?"

베시가 부드러운 목소리로 물었다.

"응……."

"12시가 넘었어요. 나도 자러 가야겠어요. 혹시 볼일이 있으면 깨우세요."

베시는 옆에 있는 식모 방으로 갔다. 잠시 후 베시가 이렇게 말하는 것을 들었다.

"제인 아가씨는 오늘 밤에 죽을지도 몰라. 정신을 잃고 쓰러졌어. 몸이 말도 못하게 뜨겁고. 정말 이상하지? 붉은 방에서 무서운 것이라도 보았나? 마님도 너무 지나치셨어. 저 어린 것을 붉은 방에 혼자 내버려 두시다니……."

다음 날, 낮이 되어서야 나는 잠에서 깨었다. 어깨에 숄을 걸치고 아이들 방의 난로 옆에 앉았다. 몸이 무척 무거웠다. 몸이 많이 약해진 것을 느꼈다. 그러나 무엇보다 견딜 수 없는 것은 우울함이었다. 이 우울함으로 인해 계속해서 눈물을 흘렸다. 그래도 다행인 것은 이 집 사람들 모두 외출 중이라는 것이었다. 나를 방해하고 괴롭히는 사람은 없었다. 베시는 왔다갔다 집안을 정리하면서 이상할 정도로 나에게 다정하게 말을 걸었다. 예쁜 접시에 사과 파이 한 조각을 가져다 주기도 했다.

'무슨 일일까?'

베시는 조지아의 인형 옷을 만들면서 노래를 불렀다.

"옛날 옛날 방랑의 길을 떠났을 때……."

베시가 부르는 노래는 구슬펐다. 나는 그 노래 곡조에 슬픔을 느꼈다. 노래를 마치자 베시가 나에게 말했다.

"제인 아가씨, 울지 마세요."

'베시는 어떻게 내 슬픔을 알고 있는 것일까?'

점심 때 로이드 씨가 다시 찾아왔다.

"괜찮나요? 아가씨!"

베시는 나를 대신해 많이 좋아졌다고 말했다. 로이드 씨는 나를 보며 말했다.

"그런데 왜 그렇게 슬픈 얼굴을 하고 있지? 왜 울지? 어디 아픈 데가 또 있니?"

"아니에요. 아프지 않아요."

"아가씨는 주인 마님과 아이들이 자기만 남겨 두고 마차 타고 나갔다고 서운해서 우는 거예요."

베시가 말했다.

"아니에요. 나는 그런 일로 울지 않아요. 그것 때문이 아니에요. 그냥 서글퍼서 울었어요."

"왜, 무엇 때문에 슬픈데?"

"저는 부모님이 없어요."

"그렇지만 제인은 친절한 외숙모와 사촌들이 있잖니?"

"존은 나를 때려요. 그리고 외숙모는 나를 유령이 나올 것 같은 무시무시한 붉은 방에 가둬요."

"제인, 이 집은 아름다운 집이란다. 이런 좋은 집에서 사는 것을 제인은 별로 좋아하지 않는 모양이구나. 이런 데서 사는 것을 감사할 줄 알아야지."

"여긴 우리 집이 아니에요. 애버트가 그러는데 나는 이 집에 있을 권리가 없대요. 하인만큼도 없대요."

"그렇다고 설마 이 집에서 나갈 생각을 하고 있는 것은 아니겠지?"

"어디 갈 데가 있으면, 오늘이라도 당장 기쁜 마음으로 나갈 거예요. 하지만 난 너무 어려요. 다 자랄 때까지 여기를 떠날 수는 없겠지요. 저는 고작 열 살인걸요."

"리드 부인말고 다른 친척은 없니?"

"아마 없는 것 같아요."

"아버지 쪽으로도 없을까?"

"외숙모 말로는 에어라는 성을 가진 무척 가난한 친척이 있대요. 그런데 외숙모도 그것말고는 잘 모르시는 것 같아요."

"만약 그 친척이 계시다면 그 곳으로 가겠니?"

"아니오. 난 가난뱅이들과 같이 살기 싫어요."

"그 분은 가난해도 너를 더 사랑해 줄 수도 있을 텐데?"

나는 머리를 가로로 흔들며 싫다고 표현을 했다. 가난한 사람들이니 나를 더 귀찮게 여길지도 모른다고 생각했기 때문이다.

"제인은 학교에 가고 싶지 않니?"

"네, 학교에 가고 싶어요. 그런데 그게 가능할까요?"

로이드 씨는 나와 한참 동안 이야기를 한 후에 일어서며 이렇게 말했다.

"제인은 너무 약해져 있어. 휴양이 필요해."

그 때 마차가 들어오는 소리가 들렸다. 로이드 씨는 외숙모가 들어오시자 따로 만나 무슨 말씀을 하셨다. 짐작해 볼 때, 로이드 씨는 나를 학교에 보내라고 강력하게 말하는 것 같았다. 그리고 외숙모는 그 권고를 받아들이는 것 같았다.

내가 이렇게 확신을 하는 것은 여러 날이 지난 어느 날 밤, 애버트와 베시가 아이들 방에서 하는 소리를 들었기 때문이다.

"마님은 귀찮고 성가신 애가 이 집을 나가게 된 것을 무척 좋아하시는 것 같아. 제인이 늘 남의 눈치만 살살 살피고 몰래 나쁜 짓을 하는 아이라고 생각하시더라고."

그날 밤, 나는 그들의 이야기를 통해 나의 부모에 대해 알게 되었다.

나의 아버지는 가난한 목사였다. 어머니는 신분이 맞지 않는 결혼이라고 반대하는 가족들을 거역하고 아버지와 결혼했다. 그래서 화가 난 외할아버지는 어머니에게 돈 한 푼 주지 않고 내쫓았다고 했다. 우리 부모님이 결혼한 지 1년 반쯤 되었을 때, 아버지는 가난한 동네로 심방을 가셨다가 그 때 유행하던 티푸스에 걸리셨다. 어머니도 아버지에게 티푸스가 전염되어 두 분 모두 한 달이 못 되어 잇따라 돌아가셨다고 했다.

"제인 아가씨도 불쌍해."

"하지만 난 왠지 정이 안 가더라고."

그들은 한참 이야기를 주고받더니 방에서 나가 버렸다.

4

나는 앞으로 나에게 변화가 올 것이라고 기대했다. 그리고 그 변화를 조용히 기다렸다. 어느새 한 주일이 지나갔다. 엘리자와 조지아나는 외숙모가 시켰는지 나에게 말을 걸지 않았다. 이따금 존과 마주쳤는데 존은 그 때마다 나를 놀려 댔다. 한번은 존이 나를 또 괴롭히기에 코를 한 대 세게 때려 주었다. 존은 겁난 표정을 짓더니 어느 새 자기 엄마한테 달려가 치맛자락을 붙잡고 징징거렸다.

'저게 열네 살짜리 맞아?'

나는 속으로 존을 실컷 비웃어 주었다. 존은 자기 엄마에게 달려가 내가 사나운 고양이처럼 대들었다고 고자질을 했다.

"그러게 내가 뭐랬어. 제인 옆에는 가지도 말라고 했잖아. 이제부터 는 그 애 근처엔 얼씬도 하지 마라!"

나는 그 말에 눈물이 쏟아졌다. 이렇게 외톨이가 되어 사는 게 억울 했다. '그러지 말아야지' 하면서도 큰 소리로 울며 말했다.

"그래! 나는 이 집에서 아무하고도 상대 안 할 거라고!"

이 말을 들은 외숙모는 나를 아이들 방에 끌고 가서는 침대에 내동댕 이쳤다. 그리고 화난 목소리로 말했다.

"하루 종일 이 자리에서 꼼짝 말고 있어!"

나는 그 순간 나도 모르게 이렇게 말했다.

"만약 외삼촌이 살아 계셨다면, 지금 외숙모가 하는 행동을 보고 뭐 라고 하실까요!"

외숙모는 얼굴이 하얗게 질려서는 숨을 헐떡거리며 놀란 표정을 지었 다. 나는 이 때다 싶어 하고 싶은 말을 다 해 버렸다.

"외삼촌은 천국에서 외숙모가 하는 일을 다 보고 계실 거예요. 우리 엄마와 아빠도 마찬가지고요. 나를 붉은 방에 가둔 것도 알고 계실 거라고요. 그것뿐인 줄 아세요? 외숙모는 내가 이 집에서 나가기를 바란다는 것, 내가 죽었으면 좋겠다고 생각하는 것도 다 알고 계실 거예요!"

순간 외숙모가 내 뺨을 갈겼다. 그러더니 매섭게 나를 노려보고는 한

동안 씩씩거리다가 문을 쾅 닫고 나가 버렸다. 베시가 달려와서 나에게 잔소리를 퍼부었다. 베시는 이 세상의 모든 아이들 중에서 내가 가장 나쁜 아이일 거라고 말했다.

어느덧 겨울이 왔다. 크리스마스와 신년 축제가 있었다. 선물 교환이 있었고 저녁마다 파티도 있었다. 당연히 나는 이 행복하고 즐거운 축제에서 제외되었다. 나는 엘리자와 조지아나가 예쁘게 몸치장하는 것을 바라보기만 했다. 저녁이면 1층에서 들려오는 악기 소리와 하인들이 분주하게 왔다갔다하며 파티 심부름을 하는 소리와 사람들의 웃음소리, 중간중간 끊어지는 그들의 즐거운 대화를 듣는 것이 내가 누릴 수 있는 전부였다. 베시가 저녁 식사 대신 건빵이나 치즈로 만든 과자를 갖다 주면 그것을 침대에 앉아 처량맞게 혼자 먹었다.

벌써 1월 15일이 되었다. 베시는 가끔씩 나에게 방 청소를 시켰고 집 안의 먼지를 털어 내라고 하기도 했다. 나는 이 집의 하녀나 다름없었다.

아이들 방에서 청소를 하다가 성에 낀 유리창을 입김으로 호호 불어 녹였다. 밖이 보일 만큼 유리창을 닦았을 때 마차 한 대가 뜰 안으로 들어오는 것이 보였다. 나는 마차에 탄 사람이 누구인지 관심이 없었다. 대부분 나와는 상관 없는 손님이었기 때문이다. 잠시 후 마차가 현관 앞으로 나아가더니 벨소리가 들렸다.

유리창을 통해 앵두나무 가지에 작은 새 한 마리가 앉아 있는 것이 보였다. 나는 그 새에게 먹다 남은 빵을 부수어서 뿌려 주었다. 그 때 베시가 들어왔다.

"제인 아가씨, 여태 뭐했어요? 세수는 했어요?"

나는 베시가 무슨 말을 하든 들은 체도 않고 작은 새가 빵 부스러기를 먹는 것을 바라보았다. 베시는 내 손을 잡아끌고는 세면대로 데리고 가서 세수를 시키고는 앞치마를 벗겼다. 그러고는 식당으로 내려가 보라고 했다.

'도대체 무슨 일이기에⋯⋯.'

석 달 동안 외숙모는 나를 찾은 적이 없었다. 나는 식당 가까이까지 왔다. 나는 그 안으로 들어가는 것이 두려웠다. 나는 그 동안 이 집에서 외톨이로 있으면서 겁쟁이가 되어 있었다. 나는 잘 돌아가지 않는 빽빽한 손잡이를 돌려 문을 열고 들어갔다.

거기에는 외숙모와 처음 보는 남자가 앉아 있었다. 외숙모는 나에게 난로 옆으로 오라는 눈짓을 보냈다. 내가 가까이 가자 외숙모는 낯선 남자에게 말했다.

"이 아이가 제가 말했던 아이입니다."

"키가 작군요. 몇 살인가요?"

"열 살이요."

남자는 그 나이가 믿어지지 않는다는 표정을 짓더니 나에게 다시 물었다.

"몇 살이니? 아가야."

"열 살이요."

"이름은 뭐지?"

"제인이요. 제인 에어."

"그래. 제인, 너는 착한 아이니?"

나는 아무 말도 하지 않고 잠자코 있었다. 모두들 내가 나쁜 아이라고 생각하고 있었기 때문이다. 내 대신 외숙모가 머리를 좌우로 흔들면서 말했다.

"그런 이야기는 하지 마십시오. 브로클허스트 선생님!"

"아, 예. 제가 직접 제인과 이야기를 했으면 하는데……."

그는 나보고 가까이 오라고 했다. 앉아 있는 그 남자의 얼굴이 내 얼굴과 거의 비슷한 높이에 있게 되었다.

그는 나에게 얼굴을 가까이 하며 말했다.

"아저씨는 이 세상에서 말을 안 듣는 아이가 제일 불쌍하단다. 특히 여자아이가 말 안 듣는 것을 더 싫어해. 그런 아이들은 죽으면 어디로 가는지 아니?"

"지옥이요."

"그래, 지옥에 간단다. 지옥이 어떤 곳인지 알고 있니?"

"사방에 불이 가득해요, 뱀들도 우글거리고."

"너는 그런 곳에 영원히 있고 싶니?"

"아니, 싫어요."

"지옥에 가지 않으려면 어떻게 해야 할까?"

나는 전혀 상관 없는 대답을 했다.

"몸을 튼튼히 해서 죽지 말아야 해요."

"그러나 약한 아이들이 많이 죽었단다. 너는 너무도 몸이 약해. 만약 네가 죽는다면 지옥에 갈지도 몰라."

나는 그 말에 긴 한숨을 쉬었다. 내가 열 살의 인생을 살아오면서 그렇게 길고 땅이 꺼질 듯한 한숨을 쉬는 것은 처음이었다.

"성경은 잘 읽고 있니?"

"가끔씩이요."

"성경책 중에 어떤 부분을 좋아하지?"

"요한계시록, 다니엘, 창세기, 사무엘서를 좋아해요. 그리고 출애굽기와 열왕기 상하, 역대 상하의 일부를 좋아하고요. 욥과 요나서도 좋아해요."

"시편은?"

"싫어요."

"뭐, 싫다고? 참 이상하구나. 아저씨한테는 너보다 나이가 어린 아들이 하나 있는데, 벌써 시편을 여섯 편이나 외운단다. 그 아이에게 '사탕을 먹을래? 시편을 외울래?' 하고 물으면 '시편을 외울래요.' 한단다. 그러면 나는 아들 녀석이 기특해서 사탕 두 개를 준다."

"시편은 하나도 재미없어요. 졸립기만 해요."

"제인, 바로 이것이 네가 나쁜 마음을 가졌다는 증거다. 기도를 해야겠구나. 깨끗하고 맑은 마음, 돌같이 차가운 마음을 없애고 착하고 부드러운 마음을 달라고 말야."

어떻게 하면 마음을 바꿀 수 있는지를 물어 보려고 하는데 외숙모가 갑자기 브로클허스트 씨에게 말을 했다.

"브로클허스트 선생님, 제가 일전에 드린 편지에 제가 바라는 제인의 성품을 쓴 적이 있지요. 로드 학교에 입학하면 이 아이의 성품이 바뀔 수 있도록 여러 선생님들께서 노력해 주세요. 제인의 가장 나쁜 점은 거짓말을 한다는 거예요. 이 버릇을 고쳐 주신다면 정말 감사하겠습니다."

나는 나를 앞에 두고 처음 보는 남자에게 외숙모가 이렇게 말하는 것에 기분이 상했다. 나는 브로클허스트 씨 앞에서 거짓말쟁이가 되어 버렸다. 그 때 나는 울음이 나오려고 했다. 그 눈물을 참으려고 얼마나 애썼는지 모른다. 여기서 울어 버리면 더 바보가 될 것 같아 눈물을 꾹 참았다.

브로클허스트 씨가 말했다.

"거짓말을 하는 아이들은 어른들에게 귀염을 받기 어렵죠. 이 아이를 로드 학교에 입학시키고 다른 선생님과 잘 지도해서 좋은 아이로 만

들겠습니다.”

그 말을 받아서 외숙모가 말했다.

“이 아이 장래를 생각해서라도 잘 교육시켜 주세요. 사회에 쓸모 있고 겸손한 사람이 되도록 애써 주세요. 방학 중에도 집으로 보내지 말고 로드에서 데리고 교육을 시켜 주세요.”

“겸손은 기독교인이 지녀야 할 미덕입니다. 또 로드 학교 학생들의 특징이 바로 겸손이지요. 저는 학생들에게 겸손을 지니도록 특별히 신경 써서 가르칩니다.”

“제인에게 딱 맞는 학교가 되겠군요.”

“걱정 마십시오, 리드 부인.”

“선생님, 가급적이면 빨리 제인을 그 학교에 입학시키고 싶습니다. 하루라도 빨리 제인에게서 벗어나고 싶어요.”

“예, 알겠습니다. 제인이 로드 학교에 입학하는 데 차질이 생기지 않도록 조치를 하겠습니다.”

브로클허스트 씨는 나를 쳐다보더니 이렇게 말했다.

“제인, 여기 《아동 안내》라는 책을 주고 갈 테니 잘 읽어 보거라. 기도 드리면서 읽는 것 잊지 말고. 여기에는 거짓말하고 속이기를 좋아하는 마르타라는 아이가 나온단다. 그 아이는 거짓말을 하다가 별안간 죽게 된단다. 제인, 마르타가 되지 않도록 조심해라. 알겠니?”

그리고는 겉장이 낡은 작은 책 한 권을 탁자 위에 놓았다.

“안녕히 계십시오, 리드 부인.”

브로클허스트 씨가 나가자 나와 외숙모만 남았다. 몇 분 동안 서로 말없이 있었다. 외숙모는 바느질을 하고 있었고, 나는 바느질을 하고 있는 외숙모를 찬찬히 바라보았다. 외숙모의 피부는 거칠고 검었다. 건강한 편에 체격도 좋았으며 머리는 금발이었다.

나는 지금 이 방에서 있었던 일들을 생각했다. 거짓말쟁이 소녀가 별 안간 죽는다는 이야기가 있는 동화책, 외숙모와 브로클허스트 씨와의 나에 대한 대화, 그리고 나를 바라보던 그들의 경멸하는 듯한 눈빛과 태도들…….

그것들이 내 머릿속에 생생히 떠오르면서 나는 억제할 수 없는 분노에 휩싸였다.

그러고는 그 모든 일들이 가시가 되어 열 살난 여자아이의 가슴을 아프게 찔러 댔다. 그 때 외숙모는 나를 보더니 명령조로 말했다.

"어서 방으로 올라가, 제인!"

나는 나도 모르게 외숙모를 쏘아보았다. 방으로 올라가려고 문 쪽으로 걸어갔다가 다시 뒤돌아서 외숙모 곁으로 갔다. 나는 지금까지 내가 당한 일들이 너무 억울했다. 나는 짓밟혔다고 생각했다. 이제 더 이상 침묵해서는 안 된다는 생각이 들었다.

그래서 나는 외숙모에게 퉁명스럽게 말했다.

"나는 거짓말을 하지 않았어요."

외숙모는 나의 퉁명스럽고 화난 목소리에 놀랐고 그 다음에는 내 눈빛에 놀라는 눈치였다. 나는 틈을 주지 않고 계속 말했다.

"이런 책을 읽어야 할 사람은 내가 아니에요. 외숙모가 그렇게 예뻐 하는 조지아나가 읽어야 할 책이라고요. 거짓말은 나보다 조지아나가 더 잘 하니까요."

외숙모는 얼음처럼 차갑고 냉랭한 눈빛으로 나를 쳐다보았다.

"다른 이야기는 더 할 것 없니?"

외숙모의 눈빛에 나는 참을 수 없을 정도로 흥분되었다. 그리고 조금 전보다 더 크고 격앙된 목소리로 말했다.

"외숙모와 내가 피 한 방울도 섞이지 않았다는 게 얼마나 다행인지 몰라요. 이제 외숙모를 더 이상 외숙모라고 부르지 않을 거예요. 시간이 지나 내가 어른이 된다고 해도 외숙모를 절대로 보지 않을 거라고요. 누가 외숙모에 대해 물어 보면 생각만 해도 지긋지긋할 정도의 사람이라고 말할 거예요.”

“제인, 닥치지 못해! 어디서 감히!”

“외숙모는 그런 말을 할 자격이 없어요. 사랑스런 눈빛과 다정한 마음이 얼마나 그리웠는지 아세요? 외숙모가 나를 붉은 방에 가둔 것을 나는 평생 동안 잊지 않을 거예요.”

이 말을 했을 때 내 가슴이 얼마나 후련했는지 모른다. 나는 외숙모를 이겼다는 승리감에 들떠 있었다. 새장에 갇혀 있던 새가 창공으로 날아간 기분이 그럴까.

외숙모는 내 말에 바느질하던 일감이 떨어진 줄도 모르고 몸을 벌벌 떨었다. 얼굴을 심하게 찡그리기도 했다. 외숙모는 내 모습에 놀랐는지 오히려 부드러운 목소리로 말했다.

“제인, 네가 오해를 하고 있구나. 넌 지금 제정신이 아니야. 자, 물이라도 마시렴.”

“물 같은 건 필요 없어요.”

“제인, 외숙모는 사실 너와 진정한 친구가 되고 싶었다…….”

“친구가 되고 싶었다고요? 그런 사람이 브로클허스트 씨한테 나를 거짓말쟁이에다 말썽쟁이로 말하나요? 나도 로드 학교에 입학하면 외숙모가 어떤 사람인지 낱낱이 이야기할 거라고요. 나한테 어떻게 했는지 말예요.”

“제인, 넌 너무 어려서 너를 제대로 볼 줄 몰라. 그래서 내가 잘못된 것을 바로잡아 주려고 로드 학교에 입학시키는 거야.”

“딴 소리 하지 말고 나를 어서 학교로 보내 주세요. 나도 외숙모랑은 더 이상 살기 싫다고요. 지옥이요? 바로 여기가 지옥이었는걸요. 이 집에서 빨리 나가고 싶어요.”

“어휴, 골칫거리 제인, 하루라도 빨리 제인을 보내야겠어.”

외숙모는 긴 한숨을 내쉬고는 나가 버렸다.

혼자 남은 나는 외숙모에게 할 말을 다 했다는 마음에 승리감을 맛보았다. 나는 브로클허스트 씨가 서 있던 융단 위에서 잠시 동안 승리감에 도취되어 있었다.

잠시 후, 마음을 가다듬고 나는 숲으로 갔다. 햇살에 녹지 않은 하얀 서리가 숲 속을 덮고 있었다. 나는 추워서 옷깃을 여미고 팔짱을 끼고 숲길을 걸었다. 너무 고요하고 평화스러웠다.

“제인, 제인 아가씨. 어디 계세요?”

베시의 목소리였다. 베시는 나를 찾으려고 무척 빠른 걸음으로 숲 속으로 오고 있었다. 나는 움직이지 않은 채 잠자코 서 있었다. 나를 찾아낸 베시는 짜증 섞인 목소리로 말했다.

“말썽꾸러기 제인 아가씨, 내가 애써 찾는 걸 보면서도 아무 소리 안 하고 가만히 있었던 거예요?”

나는 외숙모와의 싸움에서 이긴 승리감에 젖어 베시의 짜증이 하나도 거슬리지 않았다. 베시의 화 따위는 안중에도 없었다. 나는 오히려 베시를 두 팔로 안으면서 말했다.

“베시, 그렇게 야단치지 마.”

“제인 아가씨는 좀 엉뚱한 데가 있다니까. 그런데 학교에 가게 되었다면서요?”

“응.”

나는 고개를 끄덕였다.

“제인 아가씨와 이제 헤어져야 되는 건가요? 아가씨는 나와 헤어지는 게 하나도 안 슬퍼요?"

"베시는 뭐 섭섭한가? 날마다 나만 야단치면서. 그리고 이 집 식구들은 나를 좋아하지 않아."

"하긴 제인 아가씨가 미움을 받고 있는 건 사실이에요. 우리 어머니가 지난 주에 나를 만나러 오셨을 때 그러시더라고요."

"뭐라고 하셨는데?"

"자기 친자식이라면 제인 아가씨를 그렇게 하지 않을 거라고요. 자, 얼른 집으로 들어가기나 해요. 너무 추워요. 그러다 또 병나면 어떻게 해요?"

"집에 들어가면 뭐해. 차라리 난 여기가 더 좋아."

"에이, 빨리 들어가자고요. 기쁜 소식이 있으니까요."

"나 같은 천덕꾸러기한테 기쁜 소식이 뭐가 있겠어?"

"그게 무슨 소리예요. 이따가 마님이랑 도련님이랑 파티에 초대받아 나가신다니까 나와 같이 차나 마셔요. 차 마시고 제 일 좀 도와주세요. 제인 아가씨 짐을 정리하는 일이니까. 마님은 제인 아가씨를 내일이라도 당장 학교로 보낼 계획이신가 봐요."

"그럼, 내가 떠날 때까지 야단치지 않을 거지?"

"약속하고말고요. 그렇지만 아가씨도 좀더 얌전한 아이가 되어야 해요. 누가 잔소리를 해도 겁에 질린 얼굴은 하지 마세요. 사람들은 아가씨의 아무것도 아닌 일에 겁먹는 그 모습에 더 화를 내는 거라고요."

"응, 겁내지 않을게."

나는 기분이 좋아져서 베시를 따라 집으로 들어갔다. 오랜만에 내 입에서는 콧노래가 흘러나왔다. 그날 밤 나는 베시와 차를 마시고 내 짐을 정리했다. 베시는 자기가 들은 재미있는 이야기를 해 주었고, 고운 목소리로 노래도 불러 주었다.

5

1월 19일 새벽 5시쯤 베시가 촛불을 들고 내 방으로 왔다. 나는 그 전에 일어나서 학교를 향해 떠날 준비를 했다.

"댕댕······."

괘종 시계가 6시를 울렸을 때, 마차 소리가 들렸다. 나를 태우고 갈 마차였다. 나는 밖으로 나가 마부를 만났다. 베시 외에 나를 배웅해 주는 사람은 아무도 없었다. 마부는 나를 번쩍 들어올리더니 마차에 태웠다. 그 때 베시가 마부에게 이렇게 외쳤다.

"이 애를 잘 좀 데리고 가 주세요."

"예, 걱정하지 마세요."

'고마운 베시······.'

곧 마부는 마차를 끌었다. 나는 드디어 게이츠헤드를 떠나는 것이다. 지긋지긋했고 나를 외톨이로 만들었던 집, 붉은 방에 대한 기억과 나를 못살게 굴던 사촌들, 그리고 괜히 나를 미워하며 차별을 했던 리드 외숙모가 내 머릿속을 스쳐 지나갔다.

나는 마차가 나를 이 우울한 곳에서 이끌어 내 아직 한 번도 보지 못했던 신세계로 데려다 줄 것만 같았다.

마차는 새벽 어둠 속에 나를 태우고 여러 마을을 지나갔다. 날이 밝아지면서 짙푸른 높은 산들을 볼 수 있었다. 마차는 마을을 지나고 울창한 숲을 지나고 골짜기를 지나 내려갔다.

숲 속에서 불어오는 바람 소리를 듣다가 나는 스르르 잠이 들었다. 별로 오래 잔 것 같지 않았는데, 마차가 급하게 서는 바람에 나는 잠에서 깼다. 마차 문이 열렸고 어떤 여자 둘이 서 있는 것이 보였다. 나는 그 여자들의 얼굴을 보려고 했지만 어두워서 잘 보이지 않았다.

"여기 제인이라는 여자아이가 타고 있나요?"

"예, 제가 제인입니다."

내가 대답을 다 하기도 전에 마부가 내 짐가방을 마차에서 내렸다. 그러고는 나를 태울 때처럼 번쩍 안아 내려 주었다.

그리고 곧 마차를 몰고 어디론가 떠나 버렸다.

"고맙습니다. 아저씨!"

나는 오랫동안 흔들리는 마차 안에서 웅크리고 잠이 들어서인지 몸이 뻐근했다. 정신을 가다듬고 사방을 둘러보았다.

'이 곳은 어디일까?'

비바람이 불어 더욱 어두운 밤이었다. 갑자기 싸늘한 기운이 느껴져 나는 부르르 떨면서 몸을 움츠렸다.

"나를 따라 오세요."

곁에 있던 여자가 내게 짧게 말했다. 나는 잠자코 그녀를 따라갔다. 우리 앞에는 동굴의 입구처럼 생긴 문이 있었다. 나는 그 문을 지나 안으로 들어갔다.

문을 열고 들어가자 안에는 유리창이 많은 건물이 두 채 정도 있었다. 희미한 불빛을 받으며 우리는 조용히 걸어갔다. 자갈이 깔린 길을 지나자 한 건물이 있었다. 현관문을 열자 복도가 나왔다.

그녀는 복도를 지나 불을 피워 놓은 방으로 나를 데려갔다. 그러고는 나를 남겨 두고 나가 버렸다. 나는 혼자가 되었다. 처음 온 낯선 곳에서의 혼자는 외로운 법이다. 나는 두렵기도 했다.

찬찬히 방 안을 둘러보았다. 도배를 한 벽, 융단을 깐 마루, 그리고 커튼과 반짝거리는 가구들이 있었다. 나는 난로 가까이로 가서 언 손을 녹였다. 조금씩 몸이 따뜻해졌다. 어느 정도 몸이 녹자 나는 방 안에 있는 그림들을 살펴보았다. 그 그림들이 무엇을 의미하는 것인지 생각했다. 그 때 문이 열리더니 두 사람이 들어왔다. 모두 여자였다.

"어린아이를 혼자 보내다니……. 대체 뭐하는 사람들이기에 이 먼 길을 아이 혼자 보냈을까?"

등불을 들고 있는 키 큰 여자가 말했다. 그녀는 내 어깨에 손을 얹고는 부드러운 목소리로 물었다.

"몹시 피곤할 텐데……. 어디 몸이 불편하거나 아프지는 않니?"

"아, 예. 조금 피곤해요."

"참! 배도 고플 텐데……."

이렇게 혼잣말을 하더니 같이 들어온 옆에 있는 여자에게 말했다.

"미스 밀러, 이 아이가 잠자기 전에 먹을 수 있도록 따뜻한 음식을 좀 갖다 줘요."

그리고 나에게 다시 부드럽고 상냥하게 물었다.

"부모님을 떠나 이렇게 학교에 온 것은 처음이겠구나?"

"저는 부모님이 안 계세요."

"이런……. 내가 실수를 했구나. 그래 부모님은 언제 돌아가셨니?"

"제가 아주 어렸을 때요. 그러니까 갓난아기였을 때요."

"몇 살이지?"

"열 살이에요."

"바느질은 할 수 있니?"

"잘은 못하지만……. 조금 배웠어요."

"그러면 글은 읽고 쓸 줄 아니?"

"그럼요."

나는 자신 있게 말했다.

상냥하고 부드러운 말씨를 가진 여자는 내 머리를 쓰다듬고는 손가락으로 내 뺨을 가볍게 어루만졌다. 나는 그녀의 눈빛과 손길에 기분이 좋아졌다. 행복하기도 했다.

"제인이라고 했지?"

"예, 제인 에어예요."

"그래, 제인. 이 곳에서 부디 착한 아이가 되어라."

그녀는 이렇게 말하고는 미스 밀러에게 나를 데리고 나가라고 했다. 나는 방에 있는 여자의 목소리와 모습, 태도에 깊은 인상을 받았다. 지금까지 살아오면서 나에게 이렇게 친절하게 대해 준 사람은 없었으니까. 나는 문득 이런 생각을 했다.

'학교에 올 사람은 내가 아니라, 리드 외숙모야. 외숙모야말로 이런 곳에 와서 저 여자처럼 어린아이한테 따뜻하게 대해 주는 법을 배워야 한다고!'

미스 밀러는 평범한 외모에 조금은 고생한 얼굴이었다. 열 살인 내가 보기에도 고생으로 시달린 얼굴이었다. 하지만 혈색은 좋았다. 미스 밀러는 무엇인가 바쁜 사람처럼 걸음걸이가 무척 빨랐다. 나는 그녀와 보폭을 맞추려고 거의 뛰다시피 걸었다.

나는 미스 밀러의 안내로 이 건물 안의 방들을 이곳 저곳 다녔다. 그리고 많은 복도를 걸었다. 한참을 그렇게 걷고는 드디어 넓고 기다란 방으로 들어갔다.

'이제는 그만 걸어도 되겠다. 휴우.'

그 방 안에는 아홉 살에서 스무 살쯤 되어 보이는 여자들이 테이블 주위에 둥그렇게 앉아서 무엇인가 하고 있었다. 희미한 촛불 아래서 보니 무척 많은 여자들이 있는 것 같았다. 나중에 알았지만 그 수는 80명 정도 되었다.

그 곳에 앉아 있는 여자들은 모두 똑같은 옷을 입고 있었다. 모직으로 만든 옷이었다. 그리고 베로 만든 긴 앞치마를 걸치고 있었다. 미스 밀러는 나에게 문 가까이에 있는 긴 의자에 앉으라고 했다. 그러고 나서 테이블 쪽으로 걸어가 이렇게 소리쳤다.

"반장, 빨리 교과서를 모아서 치우세요."

그러자 키가 큰 네 명의 학생이 일어나 학생들의 교과서를 걷었다. 그러자 다시 밀러 선생이 명령을 내렸다.

"반장, 식당에 가서 식사 쟁반을 가져와요."

네 명의 학생이 교실을 나가더니 잠시 후 먹을 것을 가지고 왔다. 식사 시간이었다.

나는 여행에서 오는 피곤함과 낯선 풍경이 익숙하지 않아 식욕이 없었다. 그래서 물만 마셨다.

식사가 끝났을 때 밀러 선생은 기도문을 읽어 주었다. 기도문을 듣는 여자아이들은 조용했다. 기도문을 마치자 학생들은 차례차례 두 명씩 줄을 서서 이층으로 올라갔다. 따라 올라가 보니 그 방에는 기다랗게 열을 지어 있는 침대가 있었다. 그 침대는 두 사람이 함께 쓰도록 되어 있었다.

밀러 선생은 내가 이 곳에 처음 와서 그런지 옷을 갈아입는 것을 돌봐 주었다. 10분쯤 지나자 방을 비추던 촛불을 껐다. 나는 침묵과 어둠 속에서 잠이 들었다. 너무 피곤했는지 꿈도 꿀 수 없을 정도로 완전히 곯아떨어졌다.

나는 종소리를 듣고 눈을 떴다. 밖은 아직도 캄캄한데 학생들이 벌써 일어나 옷을 갈아입고 있었다. 나는 일어나기 힘들었지만 다른 아이들처럼 해야 한다는 생각에 간신히 일어나 옷을 갈아입었다.

날씨는 몹시 추웠다. 나는 대야가 비기를 기다렸다. 거의 꼴찌로 일어났기에 내 차례는 멀었다. 나는 몸을 잔뜩 웅크리며 기다렸다. 대야는 여섯 사람이 한 개를 썼다. 내 차례를 기다리는데 무척 지루했다.

다시 종이 울렸다. 그러자 학생들은 어제처럼 두 사람씩 짝을 지어 아래층 교실로 내려갔다. 교실에는 흐릿한 불이 켜져 있었고 싸늘했다. 학생들이 다 모였을 때 밀러 선생이 아침 기도를 올렸다. 다시 종소리가 들렸다. 잠시 후, 세 명의 여자가 들어오더니 각자 자기 테이블에 앉았다.

수업이 시작되었다. 수업은 짧은 기도문 암송, 성경 풀이, 성경 낭독 등이었는데 이것으로 거의 한 시간을 보냈다. 로드 학교에서의 첫날 첫 수업이었다. 공부를 마쳤을 때 날은 이미 밝아 있었다.

또 종소리가 울렸다. 학생들은 다시 줄을 지어 아침을 먹으러 다른 방으로 이동했다.

'여기는 무조건 줄을 서서 가야 하는 모양이지?'

나는 속으로 생각했다. 누군가와 짝을 짓고 이렇게 줄을 서서 나란히 걷는 일은 이 곳이 처음이었다. 줄을 지어 걷는 것이 익숙하지 않아 나는 어색했다.

배가 몹시 고팠다. 어젯밤에 식욕이 없어 식사를 하지 않았기 때문에 더욱 고팠다. 식사 기도는 무척 길었다. 식사가 내 앞으로 왔을 때 나는 허겁지겁 숟가락을 들고 수프를 떠서 입에 갖다 댔다. 맛도 모르고 한두 술 떴다. 그런데 맛이 이상했다. 배가 너무 고팠기 때문에 맛은 중요하지 않았는데도 나는 도저히 그 음식을 먹을 수 없었다. 구역질이 났다. 왜냐하면 수프가 새까맣게 타 있었기 때문이다.

탄 수프는 썩은 감자보다 더 먹기 싫었다. 나뿐만 아니라 다른 학생들도 마찬가지였다. 학생들은 얼굴을 찡그리며 힘없이 숟가락질을 했다. 제대로 식사를 한 사람은 아무도 없었다.

식사를 마치고 학생들은 다시 교실로 모여들었다. 수업 시간은 아직 15분 남았다. 그 동안 교실은 시장처럼 떠들썩했다. 학생들은 이 시간만큼은 큰 소리로 자유롭게 이야기하고 떠들 수 있었다. 학생들은 아침 식사에 관해 얘기했다.

"야, 맛이 그게 뭐냐?"

"어쩜, 그런 음식을 우리보고 먹으라고 주다니……."

"해도해도 너무한다. 너무해!"

그날 아침 주제는 모두들 아침 식사에 관한 것이었다. 나도 누군가를 사귀었으면 아마도 그 이야기를 했을 것이다. 나는 누군가의 입에서 나오는 브로클허스트 씨의 이름을 들었다.

"브로클허스트."

어디서 많이 듣던 이름이었다.

'누구였더라. 브로클허스트……. 그래 나를 보러 외숙모 집에 왔던 남자. 나에게 거짓말을 하지 말라며 겉장이 뜯어진 동화책을 주고 간 남자지.'

그 사람에 대한 나쁜 느낌은 여기 있는 학생들도 마찬가지였던 모양이다. 브로클허스트 선생의 이름이 나오자 밀러 선생은 고개를 가로저었다. 학생들의 말을 부정하는 듯한 태도였다. 하지만 밀러 선생도 화가 났는지 학생들이 아침 식사를 갖고 이러쿵저러쿵하는 것은 말리지 않았다. 그녀에게도 분명히 맛없는 식사였을 것이다.

교실 안의 시계가 9시를 쳤다. 그러자 밀러 선생은 교실 앞으로 나가 학생들에게 소리쳤다.

"모두들 조용히!"

교실 안은 갑자기 조용해졌다.

"이제 모두 제자리에 가서 앉아요."

학생들은 밀러 선생의 말이 끝나기가 무섭게 자기 자리를 찾아가서 앉았다. 교실이 조용해지고 모든 학생들이 자리에 앉아 어수선한 분위기가 정돈되었을 때 나이가 들어 보이는 선생들이 교실로 들어왔다. 나는 선생들의 얼굴을 하나하나 살펴보았다. 나에게 잘해 줄 얼굴은 누구일까 하고. 하지만 내 맘에 드는 선생은 한 명도 없었다.

내가 이렇게 선생들의 얼굴을 살피고 있을 때, 교실에 있던 전체 학생들이 벌떡 일어났다.

'무슨 일이지?'

나도 따라서 일어서려고 하는데, 벌써 다른 학생들은 일어섰다가 다시 제자리에 앉았다. 학생들의 눈은 모두 한쪽으로 쏠려 있었다. 나도 그 눈길을 따라갔다. 어제 나를 부드럽게 맞아 준 그 여자였다. 그녀는 긴 교실 한쪽 끝에 있는 난로 옆에 서서 어제 나를 대했던 표정과는 다른 엄숙한 얼굴로 학생들을 둘러보았다. 학생들을 둘러보는 그녀에게 밀러 선생이 다가가 무엇인가 이야기했다. 그녀는 밀러 선생의 이야기를 잠자코 들으며 고개를 끄덕였다. 그러더니 밀러 선생에게 무엇인가를 지시했다.

밀러 선생은 다시 자기 자리로 되돌아가서 큰소리로 말했다.

"제1반 반장! 지구의를 가져오세요."

반장이 지구의를 가지러 갔을 때 나에게 친절했던 그 선생은 학생들 책상 사이를 왔다갔다했다. 나는 그녀의 뒷모습을 바라보았다. 친절하면서도 사람을 휘어잡는 그녀의 능력에 감탄하면서.

그녀의 몸매는 멋졌다. 키도 컸다. 그녀는 깊어 보이는 갈색 눈과 단정한 눈썹을 가졌다. 이마는 넓었고 얼굴은 희었다. 그녀는 로드 학교의 주임 선생이었다. 반장이 지구의를 가지고 왔을 때 주임 선생은 상급반 학생들에게 지리 공부를 시켰다. 그리고 나머지 학생들도 다른 선생들에게 불려가 역사, 문법, 그리고 산수와 글쓰기 공부를 했다. 내가 싫어하는 암송도 있었다.

한 시간 정도 지나자, 주임 선생이 학생들에게 말했다.

"여러분에게 할 말이 있습니다."

수업이 끝났을 때 교실은 소란스러워졌으나, 주임 선생의 이 한 마디에 쥐 죽은 듯이 조용해졌다.

"오늘 아침 식사를 어떻게 생각하십니까? 아침을 제대로 먹지 못했을 거예요. 그래서 배가 고플 것이라고 생각합니다. 그래서 나는 여러분에게 빵과 치즈를 주도록 시켰습니다."

이 말이 끝나자, 다른 선생들은 놀란 토끼눈을 하고 주임 선생을 쳐다보았다. 선생들의 표정을 본 주임 선생은 이렇게 말했다.

"걱정 마십시오. 이 일은 내가 책임지겠습니다."

잠시 후, 주임 선생의 말대로 빵과 치즈가 날라져 왔다.

치즈와 빵을 본 학생들의 얼굴은 환해졌다. 학생들은 즐겁게 빵과 치즈를 먹었다.

잠시 후, 누군가가 명령을 내렸다.

"교정으로!"

학생들은 옥양목 끈이 달린 밀짚모자를 쓰고 회색 외투를 입었다. 나는 그들과 함께 같은 모양을 차리고 교정으로 나갔다.

운동장은 넓었다. 어젯밤에는 캄캄해서 볼 수 없었던 풍경들이 차례차례 눈에 들어왔다. 담장은 밖을 전혀 볼 수 없도록 높이 쌓아져 있었다. 나는 몸이 떨렸다. 운동을 하기에는 너무 추운 날씨였다. 다행히 비는 내리지 않았지만 안개가 있어서 한낮인데도 어두컴컴했다. 어제 내린 비로 땅도 질퍽질퍽했다. 하지만 아이들은 날씨와 운동장의 상태를 고민하지 않았다. 저마다 즐거운 표정으로 운동장을 뛰어다녔다. 내 눈에는 학생들 모두가 건강해 보이고 활력이 넘쳐 보였다.

나는 아직까지 로드 학교에서 누군가와 이야기해 보지 않았다. 또한 누구도 나에게 관심을 갖고 있지 않은 것 같았다. 나는 외로운 기분으로 혼자 서 있었다. 하지만 이런 외로움은 내가 늘 겪는 것이었기에 고민하지 않았고 별로 마음에 두지도 않았다.

나는 회색 외투를 단단히 여미고 너무 추운 날씨를 잊으려고 이 곳의 풍경을 보며 생각에 잠겼다. 추위를 떨치려고 제자리에서 발을 동동거리기도 했다.

그러다가 현관 위 돌판에 새겨진 글을 보게 되었다. 거기에는 다음과 같은 글이 새겨져 있었다.

로드 학원

이 건물은 브로클허스트 가문의 나오미 브로클허스트에 의해 재건되다.

"너희도 이와 같이 너희의 빛을 사람들 앞에 비추게 하여, 그들이 너희의 착한 행실을 보고 하늘에 계신 아버지를 찬양하게 하라."

〈마태복음〉 5장 16절

나는 특별히 할 일이 없어 이 돌판에 새긴 글을 되풀이해서 읽었다. 그러나 아무리 읽어도 로드 학원이란 의미를 알 수 없었다.

'난 여기가 학교인 줄 알았는데 학원이라네. 학교와 학원은 대체 뭐가 다른 거지?'

그래서 그 뜻을 알기 위해 설명을 들어야겠다고 생각했다. 마침 내 뒤에서 누군가가 기침을 했다. 고개를 돌려 돌아보았을 때 한 여자아이가 벤치에 앉아 있었다.

그녀는 고개를 푹 숙이고 책을 읽고 있었다. 나는 잠시 그녀의 행동을 주시하며 말을 걸지 않았다. 그녀는 너무 열심히 책을 읽고 있었고, 나를 쳐다보지도 않는데 말을 거는 것이 미안하고 쑥스러웠기 때문이다. 그러다가 그녀가 책장을 넘기려고 무심코 고개를 들었을 때, 이 때다 싶어 말을 걸었다.

"그 책 재미있니?"

"응, 재밌어."

"어떤 책인데 그렇게 재미있어?"

나는 꼬치꼬치 물었다. 그녀는 내 질문에 일일이 답하기가 귀찮았는지 읽고 있던 책을 나에게 주었다. 나는 책을 잠시 들여다보았다. 그리고 표지를 보았다. 제목에 비해 내용이 재미없을 것 같았다.

나는 책을 돌려주며 물었다.

"난 제인이라고 해. 제인 에어. 넌 이름이 뭐야?"

"헬렌 번스!"

"응, 헬렌 번스……."

"처음 보는 것 같은데……."

"응. 어젯밤에 도착했어."

"그런데 무슨 일이야?"

"응. 저 현관 위 돌에 새긴 말이 무슨 뜻인지 모르겠어. 무슨 뜻인지 가르쳐 줄 수 있겠니? 로드 학원이란 무슨 말이야?"

"바로 이 집이야."

"그런데 왜 학원이라고 하는 거야? 학교라는 말과는 다른 뜻이야?"

"이 곳은 반은 자선 학교야. 한 마디로 불쌍한 아이들을 가르치는 곳이란 뜻이야. 아마 너도 고아 아니면 부모님 중 한 분이 돌아가셨을 거야. 맞지?"

"응. 두 분 모두 내가 어렸을 때 돌아가셨어."

"그래, 그럴 거야. 그래서 자선이란 말을 쓰는 거야."

"그렇다면 우리는 돈을 내지 않고 공부하는 거니?"

"그런 셈이긴 한데, 꼭 그렇지만도 않아. 집에서 내든지 아니면 우리를 불쌍하게 여기는 사람들이 일 년에 15파운드 정도를 기부하고 있으니까."

"그렇다면 왜 우리를 자선 학교 학생이라고 부르는 거야?"

"1년에 15파운드로는 학교 기숙사비와 식비와 수업료가 모자라. 그 모자라는 부분을 기부금으로 채우는 거야."

"그렇구나. 그런데 누가 기부를 해? 기부를 하는 사람들은 어떤 사람들이야?"

"여기 근처에 사는 사람이나 런던에 사는 부자들. 인정도 많고 마음도 착한 신사와 귀부인들이 내는 거야."

"그렇구나. 그러면 브로클허스트 씨는 누구야?"

"그야 저기 돌패에 씌어진 그대로야. 바로 이 학원의 새 건물을 지은 분. 지금은 그 분의 아드님이 이 학원을 감독하셔."

"왜?"

"왜긴. 그 분이 이 학원의 관리인이고 회계를 맡아 보니까 그렇지."

"회계가 뭔데?"

"돈을 관리하는 거."

"응, 그렇구나. 넌 여기에 온 지 얼마나 됐어? 오래 됐니?"

"응, 2년 되었어."

"너도 고아니?"

"아니, 아버지만 계셔."

"여기 오니까 좋으니?"

"너는 궁금한 게 무척 많구나. 이젠 그만하자. 난 이 책을 마저 읽어야겠어."

그녀는 나의 계속되는 질문이 귀찮았던 모양이다. 마침 점심 식사시간을 알리는 종소리가 울려서 우리는 다시 교실로 들어갔다. 점심도 아침 식사 때와 마찬가지로 형편없었다. 싱싱하지 않은 감자 요리와 오래되어서 맛이 간 고기를 넣고 끓인 수프와 밥이었다. 나는 대충 몇 숟가락 떠먹고 말았다.

점심을 마치고 학생들은 곧바로 교실로 갔다. 공부가 다시 시작되었다. 공부 시간은 무려 5시까지 계속되었다. 나에게 로드 학원에 대해 설명을 해 주었던 학생이 역사 시간에 스캐처드 선생님에게 꾸중을 듣고 벌을 섰다. 나는 내가 저런 벌을 받으면 너무 창피할 것 같다는 생각이 들었다. 하지만 그녀는 울지 않았고 얼굴도 빨개지지 않았다.

나는 그 모습에 너무 놀랐다.

'저 애는 어떻게 저렇게 벌서는 것을 견딜 수 있지……?'

오후 5시가 조금 넘어서 우리는 저녁 식사를 했다. 커피 한 잔과 누런 빵 반 조각이었다.

나는 급하게 빵을 먹고 커피를 마셨다. 하지만 나는 여전히 배가 고팠다.

'맛있는 음식을 좀 먹어 보았으면. 아니 그게 아니더라도 제발 배부르게 먹었으면……'

식사를 하고 30분 동안 아무 지시 사항이 없기에 '오늘 일과는 이렇게 끝나나 보다.'라고 생각했을 때 다시 수업을 알리는 종소리가 울렸다. 수업을 마치고 물 한 잔과 보리로 만든 과자 한 조각을 먹었고 마치는 기도를 했다. 그리고 나서 잠자기. 이것이 로드 학원의 첫 날 일과였다.

'이렇게 지루하고 재미없는 시간을 언제까지 보내야 하지……?'

나는 이런 생각을 하면서 잠이 들었다.

6

다음 날의 일과도 전날과 다르지 않았다. 나는 일어나자마자 희미한 빛 아래서 옷을 갈아입었다. 이 날 나는 내가 4반이라는 통지를 받았다. 전날은 그저 로드 학원의 일과가 어떻게 진행되는지 구경만 하는 것이었다고 밀러 선생님이 말해 주었다. 구경꾼이 아닌 정식 학생이 되어 이들과 행동을 같이 하게 된 것이다.

나는 모든 것에 서툴렀다. 공부도 내게는 지루하고 힘들기만 했다. 그래도 지루한 가운데 제일 즐거운 시간은 저녁 휴식 시간이었다. 수업을 마치고 먹는 커피 한 잔과 과자 한 조각은 기운을 조금 차리게 해 주었다. 저녁 휴식 시간에 난롯가에 모여든 아이들과 자유스럽게 나누는 잡담, 떠들썩한 소리들이 좋았다.

나는 아직도 친구가 생기지 않았다. 그래도 그럭저럭 심심하지는 않았다. 나는 혼자서 어제 헬렌과 이야기를 나누던 곳을 걸었다. 그리고 다시 들어와서 재미있는 이야기로 시간 가는 줄 모르고 이야기하는 아이들 틈을 왔다갔다했다. 나는 창가로 가서 눈 내리는 풍경을 바라보기도 했다.

내가 만일 좋은 가정에서 부모 곁을 떠나온 아이였다면 분명히 여기 와서 힘들었을 것이다. 몹시 외로워서 눈물을 흘렸을지도 모른다. 하지만 나는 그러지 않았다. 부모를 잃은 지도 오래 되었고 가정을 잃은 지도 오래 되었다. 친척집에 있었지만 그 곳이 나에게 행복을 주지는 못했으니까.

나는 아무 말도 하지 않고 눈 내리는 풍경과 눈 쌓인 나뭇가지를 바라보았다. 그리고 지나가는 바람 소리도 유심히 들었다. 바람 소리는 늘 달랐다. 바람이 천천히 불 때와 빠르게 불 때 나는 소리가 달랐다.

밖의 풍경을 창가에서 보다가 난롯가로 눈길을 돌렸을 때 나는 어제 나에게 로드 학원을 소개해 준 헬렌을 발견했다. 헬렌은 혼자서 어제처럼 책을 읽고 있었다. 책을 읽기에 불빛은 너무 희미했다. 그래서 그런지 헬렌은 고개를 푹 숙이고 책을 가까이에 대고 읽고 있었다.

나는 헬렌에게 다가가 말을 걸었다.

"오늘도 어제 읽던 그 책을 읽니?"

헬렌은 책을 읽다가 고개를 들어 나를 올려다보았다.

"응, 어제 읽던 책이야. 그런데 거의 다 읽었어."

헬렌은 얼마 남지 않은 페이지를 보여 주며 자랑스럽게 말했다. 나는 헬렌에게 계속 말을 걸어도 되겠다는 생각이 들어 다시 물었다.

"헬렌, 그런데 넌 어디서 왔어?"

"아주 멀어."

"어딘데?"

"스코틀랜드 국경 근처야."

"그렇구나. 다시 고향으로 돌아갈 거니?"

"그러고 싶지만……. 잘 모르겠어. 장래의 일을 우리가 어떻게 알 수 있겠니? 앞날은 아무도 장담할 수 없으니까."

헬렌은 어른처럼 말했다. 하지만 나는 기분이 나쁘지 않았다. 나는 계속해서 물어 보았다.

"너는 이 로드 학원을 떠나고 싶지 않니?"

"아니, 그렇지 않아. 난 공부를 하러 여기 왔어. 공부를 마치기 전에는 돌아가지 않을 거야. 돌아가면 그 동안 공부한 것이 모두 수포로 돌아가잖아."

"그렇지만 스캐처드 선생님이 너에게 심하게 하시는 것 같던데…….
괜찮니?"

"심하게 한다고? 그렇지 않아. 약간 엄할 뿐이야. 스캐처드 선생님은
내 단점을 알고 계셔. 그래서 그것을 고쳐 주려고 하시는 거야."

"내가 너라면 스캐처드 선생님을 미워했을 거야. 어쩌면 반항했을지
도 모르지."

"그렇게 해서는 안 돼. 그렇게 하면 브로클허스트 씨가 너를 퇴학시
킬 거야. 그러면 너를 이 곳에 보낸 사람들에게 걱정을 끼치는 거야.
하고 싶은 대로 다 하고 살 수는 없어. 다른 사람들에게 걱정을 끼치
는 것보다는 그 괴로움을 혼자서 견디는 게 나아. 그래야 평화가 온
단다. 그리고 성경에서 하느님은 이렇게 말씀하셨어. '악에게 지지
말라. 악을 선으로 갚으라.' 넌 그 말을 모르니?"

"하지만 학생들 앞에서 그렇게 매를 때리고 벌을 세우는 것은 너무
해, 우린 숙녀라고. 숙녀를 그렇게 하면 안 된다고 생각해."

"제인, 넌 여기 분위기를 몰라도 너무 모르는구나. 여기서 견디려면
억울한 것도 참는 법을 배워야 해. 그게 이 곳 학생들의 의무야. 여기
들어온 이상 참는 것이 우리의 운명이라고. 네가 그런 것을 못 참는
다면 네 의지가 약해서야."

나는 헬렌의 말이 잘 이해가 되지 않았다. 헬렌의 말을 들을 때 나는
기분이 이상해졌다. 여기 와서 누구한테 매를 맞고 야단을 듣지도 않았
는데 말이다. 그리고 더 이상은 그것에 대해 심각하게 생각하고 싶지
않았다.

나는 다시 헬렌에게 말을 건넸다.

"여기 주임 선생님인 템플 선생님도 스캐처드 선생님처럼 아이들을

심하게 다루니?"

템플 선생님에 대해 묻자 헬렌의 얼굴은 금세 환해졌다. 그러고는 부드러운 미소를 지으며 말했다.

"아니, 템플 선생님은 좋은 분이야. 템플 선생님은 어떤 아이도 심하게 다루지 않으셔. 심지어 이 학원에서 제일 말썽 부리는 아이한테도 말이야. 그뿐이 아니야. 템플 선생님은 다른 선생님들이 그 말썽꾸러기를 심하게 야단치거나 벌주는 것도 싫어하셔."

그러더니 헬렌은 나에게 신약성경에 대해 물었다.

"너도 신약성경을 읽어 보았겠지만 예수님은 이렇게 말씀하셨어."

"……?"

"너의 원수를 사랑하라."

"그래, 나도 그 말은 알아. 그런데 뭐?"

"너의 원수를 사랑하라. 너희를 저주하는 자를 위하여 기도하고 구박하는 자에게 착한 일을 하라고 하셨어."

"그렇다면 나는 내 원수, 리드 외숙모를 사랑해야겠네. 하지만 난 그렇게는 못해. 또 예수님의 말씀대로라면 리드 외숙모의 아들인 존을 위해서도 기도해야겠지. 하지만 난 존이 싫어. 존을 위해 기도하는 것은 더 못해. 존이 나를 얼마나 괴롭혔는지 넌 모를 거야. 그런 사람들을 용서하고 기도하라는 것은 죽어도 못해."

헬렌은 내가 리드 외숙모와 존 이야기를 하자 내 개인적인 일들이 궁금했는지 내가 어디에서 누구와 살았는지를 물었다. 나는 내 가슴을 멍들게 했던 일들을 생각나는 대로 이야기해 주었다.

나를 붉은 방에 가둔 외숙모, 툭하면 내 머리채를 잡아당기고 괴롭히던 존, 마치 공주처럼 행세하며 나를 하녀부리듯 하던 엘리자와 조지아나, 그리고 나에게 일을 시키던 하녀들에 대해서도 이야기해 주었다.

나는 헬렌이 내 얘기를 다 듣고 나면 나에게 어느 것 하나라도 질문을 할 줄 알았다. 그런데 헬렌은 아무것도 묻지 않았다. 그래서 내가 헬렌에게 물었다.

"네가 생각해도 리드 외숙모가 너무한 것 같지 않니?"

그러자 헬렌은 잠시 생각하더니 말을 했다.

"그래, 분명히 너에게 좀 너무하셨어. 하지만 너를 미워한 게 아니라 네 성격을 미워한 걸 거야. 스캐처드 선생님처럼 말이야. 너는 어쩌면 그렇게 외숙모가 너에게 한 일을 자세히 기억하니? 그런 일은 모두 잊어버려. 그 사람의 죄를 미워하면서 그 죄를 범한 사람을 진심으로 용서할 수 있도록 기도해 봐. 그러면 그 사람을 미워하지 않게 돼. 그러면 무엇보다 네 마음이 편안해질 거야."

나는 헬렌의 말을 곰곰이 생각해 보았다. 헬렌은 어른 같았다. 그렇지 않고야 어떻게 이런 말을 할 수 있겠는가? 이런 생각을 하고 있는데 누군가가 헬렌을 부르는 소리에 놀라 그 생각에서 벗어났다.

"헬렌 번스, 빨리 가서 서랍을 정리해. 그리고 바느질감을 치워. 그렇지 않으면 스캐처드 선생님께 이른다."

바로 헬렌 교실의 반장이었다.

헬렌은 반장 말에 길게 한숨을 쉬었다. 그러고는 바로 일어났다. 헬렌은 반장 말에 대꾸 한 마디 하지 않고 반장이 시키는 대로 했다. 나는 헬렌이 서랍을 정리하고 바느질감을 치우는 동안 그녀가 한 말들을 다시 생각해 보았다.

'그런 일은 빨리 잊어버려. 그러면 네 마음이 편안해져.'

어쩌면 헬렌의 말이 맞을 것도 같았다.

7

로드 학원에서의 첫 학기는 무척 길었다. 나에게는 다른 학생들이 느끼는 것보다 더 지루하고 길게 느껴졌다. 왜냐하면 나는 이 곳이 처음이었고 새로운 규칙과 낯선 수업 시간들로 인해 어려움이 많았다. 이 곳에 적응한다는 것은 쉬운 일이 아니었다. 그래서인지 행복하다는 생각이 별로 들지 않았다.

봄이 되었지만 아직도 눈은 녹지 않았고 날씨도 추웠다. 시간이 지나 눈이 녹았지만 질척질척해진 길 때문에 걷기도 힘들었다. 그래서 우리는 교회 가는 일 이외에는 거의 외출을 하지 않았다.

브로클허스트 씨는 내가 로드 학원에 온 그 달에는 이 곳을 방문하지 않았다. 그가 이 곳에 오지 않은 것이 나는 좋았다. 나를 거짓말쟁이로 알고 있는 그 사람을 만나기 싫었기 때문이다.

하지만 내가 로드 학원에 온 지 3주일이 지난 어느 날 오후에 브로클허스트 씨는 왔다.

나는 머리가 복잡해지는 나눗셈을 하다 지쳐 있었다. 잠시 하늘이라도 보며 머리를 식힐까 하고 창 밖을 내다보았다. 그 때 내 시야에 한 사람이 들어왔다.

나는 마른 체격의 그 남자를 보고 단번에 브로클허스트 씨라는 것을 알아차렸다.

나는 몹시 당황스러웠다.

나는 브로클허스트 씨가 내가 성격이 좋지 않다고 템플 선생님과 그 밖의 선생님들에게 말을 하고 내 과거를 이야기할까 봐 걱정이 되었다. 그것은 나에게 나쁜 아이라는 낙인을 찍는 것이었다.

브로클허스트 씨는 교실에 와서 템플 선생님에게 무언가 낮은 목소리로 말을 했다. 나는 그 말이 나에 대해 나쁘게 이야기하는 것이라고 생각했다. 내가 리드 외숙모 댁에서 나쁜 짓을 많이 하는 아이였다고 말했을 것 같았다.

템플 선생님이 브로클허스트 씨의 이야기만 듣고 나를 쳐다보는 눈빛이 달라질까 봐 걱정이 되었다. 친절하고 다정했던 템플 선생님이 나를 비웃고 멸시할까 봐 두려웠다.

내 자리는 앞자리였다. 그래서 귀를 기울이면 그들이 하는 소리를 들을 수 있었다.

나는 아무것도 할 수가 없었다. 나눗셈을 해야 했지만 숫자들이 머릿속에 들어오지 않았다. 그러다가 두 사람이 하는 이야기를 듣고는 안도의 한숨을 내쉬었다.

그들이 나눈 이야기는 내 이야기가 아니라 학교 운영에 관한 것이었다. 나는 그 이야기를 듣고 나서야 불안감에서 벗어날 수 있었다. 나는 그들이 나눈 대화가 내 이야기가 아니라는 것을 알고 나서, 앞으로 템플 선생님 눈 밖에 나지 않도록 조심해야겠다고 생각했다. 그녀의 눈 밖에 벗어나지만 않는다면 무사할 것 같았다. 그래서 나는 책상 깊숙이 의자를 당기고 앉아서 공부를 열심히 하는 척했다. 그리고 얼굴을 보이지 않게 하려고 석판을 높이 들어올렸다.

그러나 그것이 문제였다. 그 석판이 마루에 요란한 소리를 내면서 떨어졌기 때문이다. 모든 학생들의 시선과 이야기를 나누던 두 사람도 나를 쳐다보았다. 나는 이제 끝이라고 생각했다. 모든 것이 틀렸다고 생각했다. 나는 깨진 석판을 주우려고 허리를 구부렸다. 그리고 다른 실수를 하지 않으려고 정신을 똑바로 차렸다. 하지만 상황은 좋지 않게 전개되었다.

"꽤 조심성이 없는 학생이군."

나는 브로클허스트 씨의 얼굴을 보지 않았지만, 그 목소리만 듣고도 그가 어떤 얼굴을 하고 있을지 짐작이 갔다. 얼굴을 잔뜩 찌푸리고 있을 것이다.

브로클허스트 씨는 계속해서 말했다.

"이번에 새로 온 학생인가……?"

그는 내가 숨을 돌리기도 전에 이렇게 말했다.

"저 학생은 주의를 시키세요, 템플 선생. 그리고 석판을 깨뜨린 학생, 이리로 나와."

나는 그 소리에 돌처럼 굳어 버렸다. 그러자 템플 선생님이 다정스럽게 나를 이끌어 주었다. 그러면서 나에게 귓속말로 살짝 말했다.

"무서워하지 마라, 제인. 그건 실수잖아."

템플 선생님이 상냥하게 말해 주었지만, 나는 마음이 안정되지 않았다.

'템플 선생님도 이제 나를 말썽쟁이 문제아로 볼 거야.'

그런 생각이 들자 내 가슴속은 리드 부인과 브로클허스트 씨에 대한 분노로 들끓었다. 나는 헬렌처럼 순종적이고 무조건 참기만 하는 아이가 아니었다.

브로클허스트 씨는 교실 구석에 있는 높은 의자를 가리키며 반장에게 가져오라고 말했다. 그리고는 템플 선생님에게 말했다.

"이 아이에게 의자 위에 올라가라고 하세요."

나는 의자 위로 올라갔다. 나는 어떻게 해서 그 높은 의자에 올라갔는지도 모를 정도로 떨었다.

브로클허스트 씨는 헛기침을 하고 전체 학생들에게 이렇게 말했다.

"템플 선생, 그리고 다른 선생, 그리고 학생들! 모두 이 아이를 보십

시오. 이 아이는 여러분이 보시다시피 아직 어립니다. 그냥 아무 생각 없이 보면 보통의 아이일 뿐입니다. 이 아이의 어디에서도 악마 같은 모습은 없습니다."

나는 이 말에 그만 정신이 얼얼해졌다. 걱정했던 일이 벌어진 것이다. 이제 어떻게 이 일에 맞서야 할지를 고민해야 했다.

브로클허스트 씨는 다시 말을 했다.

"이 아이는 양의 무리 속에 있으면 안 되는 아이입니다. 여러분이 하느님의 참된 양이 되게 하는 것을 방해하는 아이입니다. 앞으로 여러분은 가급적 이 아이와 놀지 마십시오. 그리고 선생들도 이 아이의 행동을 주의 깊게 살펴보십시오. 혹시 이 아이 때문에 다른 아이들이 하느님의 선하고 착한 양이 되지 못한다면 선생들의 책임입니다."

브로클허스트 씨의 말도 되지 않는 얘기는 10분이나 계속되었다.

"나는 이런 모든 이야기를 이 아이를 도와주는 분에게 들었습니다. 이 아이의 은인이 되는 분은 고아가 된 이 아이를 거두어서 키운 분입니다. 그 분은 하느님을 경외하며 자애로운 분이시기도 하지요. 하느님이 주신 사랑의 마음으로 고아가 된 이 아이를 사랑으로 키워 주셨죠. 그런데 이 아이는 그런 사랑도 모르고 집에서 말썽만 피웠습니다. 거짓말을 밥먹듯이 했습니다. 그 분이 많은 애를 써서 아이를 고쳐 보려고 했지만 소용이 없었습니다. 결국 그 분은 자신의 힘으로 그것이 어렵다는 것을 아시고, 사람 한 번 만들어 달라고 이 아이를 우리에게 보내신 것입니다. 혹시 순결한 마음을 가진 자기 딸들이 이 아이 때문에 더럽혀질까 봐 두렵기도 했답니다. 이 아이 속에 있는 악마의 마음을 없애게 해 달라고 이 곳에 보내신 것이지요. 그러니 여러분에게 당부하고 싶은 것은 이 아이 때문에 로드 학원의 물이 흐려지지 않도록 해 달라는 것입니다."

브로클허스트 씨는 엄숙한 표정으로 말을 마친 다음 템플 선생님에게 목례를 하고 당당한 걸음걸이로 교실을 나갔다. 함께 온 사람 중에 한 사람이 같이 나가더니 다시 교실로 돌아와 말했다.

"저 아이를 앞으로 30분만 더 세워 두시오. 그리고 오늘은 아무도 저 아이에게 말을 걸지 마시오."

나는 덕분에 그 높은 의자에서 30분을 서 있어야 했다. 예전에 헬렌 번스가 받았던 벌보다 더 가혹한 벌을 받은 것이다. 헬렌 번스가 벌을 받을 때 나는 그 아이가 불쌍했고 벌 서는 일이 무척 창피한 일이라고 생각했는데 그보다 더 심한 벌을 받게 된 것이다.

나는 높은 의자에 서서 학생들의 뜨거운 눈총을 받아야 했다. 어떤 아이는 거의 한심하다는 표정으로 나를 보았다. 어떤 아이는 내가 헬렌 번스를 보던 그 눈빛보다 더 불쌍하다는 눈빛으로 나를 보았다. 그 때 나의 심정은 이루 다 말로 표현할 수가 없다.

내가 슬프고도 억울한 얼굴을 하고 서 있을 때 한 학생이 내 곁을 지나갔다. 헬렌 번스였다. 나는 헬렌의 얼굴, 눈빛을 잊을 수가 없다. 나는 지금도 그 눈빛과 얼굴을 똑똑히 기억한다. 용기를 북돋워 주는 부드러운 눈빛이었다. 나는 그녀의 눈빛에 얼마나 마음의 위로를 받았는지 모른다.

8

내가 의자에 서 있는 동안 5시가 되었다. 수업을 마치자 학생들은 차를 마시러 짝을 지어 식당으로 갔다. 나만 교실에 남겨졌다. 나는 의자에서 내려와도 괜찮다는 선생님의 말이 없었는데도 용기를 갖고 내려왔다.

교실은 어두웠다. 나는 교실 구석에 주저앉아 소리를 내어 울었다. 간신히 억울한 마음을 참고 있다가, 모두 식당으로 가 버리고 나 혼자 남자 슬픔이 복받친 것이다. 뜨거운 눈물이 마룻바닥을 적셨다.

나는 이 곳으로 오면서 결심한 것이 있었다. 외숙모 댁에서 받은 불명예를 벗어 버리겠다는 것이었다. 더 이상 거짓말쟁이라는 말은 듣기 싫었다. 그래서 친구도 많이 사귀고 착하고 예의 바른 아이가 되어 칭찬을 받겠다고 결심했었다.

그러고 나서 로드 학원에서의 나의 모습은 많이 좋아졌다.

나는 월말 평가 시험에서 1등을 했었다. 템플 선생님은 나를 칭찬해 주시며 이렇게 약속하셨다.

"제인, 아주 잘했어. 앞으로 두 달 동안도 이번처럼 성적이 좋으면 프랑스 어를 가르쳐 주마."

덕분에 나는 학생들 사이에서도 인정을 받았고, 내 또래들 중 누구도 나를 함부로 여기지 않았었다. 그런데 나는 석판을 떨어뜨린 것 하나 때문에 이렇게 짓밟히게 된 것이다.

'아이들이 나를 좋아해 줄까? 템플 선생님도 변함없이 나에게 기대를 거실까?'

아무래도 어렵겠다는 생각이 들자 나는 정말 죽고 싶었다. 이런 생각에 휩싸여 있던 나는 슬픔에서 벗어날 수가 없었다. 눈물도 멈추지 않았다.

"흑흑흑……."

내 울음소리는 고요한 교실의 적막을 깨뜨렸다. 그리고 점점 더 큰 목소리로 흐느껴 울었다. 그 때 누군가 내 옆으로 다가왔다.

헬렌 번스였다. 나는 부끄러운 마음에 기운을 차리고 일어났다. 헬렌은 나를 위해 커피와 빵을 가지고 왔지만 나는 먹을 힘도 없었고 먹고 싶지도 않았다. 눈물이 계속 두 뺨을 적시며 흘러내렸다. 한참을 그렇게 울고 난 후에야 겨우 울음을 그칠 수 있었다. 헬렌은 내가 말할 수 있을 때까지 아무 말도 하지 않고 나를 기다렸다.

"헬렌, 너는 왜 사람들이 거짓말쟁이라고 알고 있는 내 옆에 왔니?"

"네가 거짓말쟁이라고 말한 것을 들은 사람은 겨우 80명뿐이야. 하지만 이 세상에는 수억 수천만 명의 사람이 있어."

"하지만 그 사람들은 나와 상관이 없어. 내가 알고 있는 이 곳 로드 학원의 80명이 나를 나쁜 아이로 알고 있잖아."

"제인, 너는 잘못 생각하고 있는 거야. 이 학교에서 너를 업신여기거나 나쁜 아이로 생각하는 사람은 한 명도 없을 거야. 대부분 너를 불쌍한 아이로 생각하고 있어."

"브로클허스트 씨가 나에 대해 그렇게 심한 말을 했는데도 나를 불쌍하게 여길까?"

"브로클허스트 씨가 하느님은 아니잖아? 또 많은 사람들한테 존경받는 사람도 아니고. 이 학교에서는 그를 좋아하는 사람이 아무도 없어. 그를 존경하는 사람은 더더욱 없고. 그는 다른 사람을 위해서 일하는 사람이 아니야. 그러니 제인, 너무 슬퍼하지 마."

"고마워. 헬렌!"

"그리고 제인……."

헬렌은 무슨 말을 하려다가 말을 멈추었다.

"응? 왜?"

"만약 이 세상 사람들이 모두 너를 미워한다 해도, 너의 양심이 깨끗하고 아무 잘못이 없다면 너는 외톨이가 아니야."

"그래 봐야 아무 소용 없어. 아무도 나를 사랑하지 않는다면 차라리 죽어 버리는 게 나아. 헬렌, 너는 모를 거야. 외톨이로 미움을 받으며 살아가는 게 얼마나 힘든 일인지……. 하지만 헬렌, 너나 템플 선생님처럼 나를 진심으로 좋아하고 있는 사람이 있다면 어떤 어려움도 이겨 낼게."

"제인, 네 생각은 아주 훌륭해. 하지만 말야. 넌 너의 감정에 너무 치우쳐 있는 것 같아. 하느님께서는 우리를 창조하셨고 약한 육체를 위해 우리가 의지할 수 있는 천사를 만들어 주셨어. 천사들이 우리를 지켜 준단다. 그래서 우리가 아무리 힘들고 어려워도, 또 많은 사람들이 우리를 조롱해도 천사들은 우리의 억울함을 알아주고 우리를 믿어 준대."

헬렌의 이 말에 나의 마음은 많이 가라앉았다.

시간이 얼마나 흘렀을까. 달빛만이 교실에 있는 나와 헬렌을 비추고 있었다. 헬렌과 나는 그 달빛 속에서 우리를 향해 걸어오는 하나의 그림자를 보았다. 그 그림자는 사랑의 그림자, 바로 템플 선생님이었다.

"제인, 어서 선생님 방으로 가자. 헬렌도 같이 가자."

우리는 템플 선생님을 따라갔다. 템플 선생님의 방은 난롯불이 활활 타고 있어서 아주 따뜻했다. 추운 내 마음을 달래기에 충분할 정도로 아늑했다.

"이젠 괜찮지, 제인?"

"쉽게 슬픔이 없어질 것 같지 않아요……."

내 말에 템플 선생님은 걱정스러운 눈빛을 하였다.

"왜?"

"저는 너무 억울해요, 선생님. 브로클허스트 씨 때문에 다른 선생님과 아이들 모두 나를 나쁜 아이로 볼 게 뻔하잖아요."

"네가 착한 아이인지 아닌지는 앞으로 너의 행동에 달려 있어. 지금까지 잘해 왔잖니? 앞으로도 계속 지금처럼만 하면 되는 거야. 그러면 된단다."

"템플 선생님, 제가 앞으로 잘할 수 있을까요?"

"그럼, 그렇고말고. 제인은 충분히 잘 할 수 있어."

템플 선생님은 나를 꼭 안아 주셨다. 나는 선생님의 팔힘을 느끼며 잠시 슬픔을 잊을 수 있었다.

"참, 너의 은인이라는 리드 부인은 어떤 분이시니?"

"예, 저의 외숙모예요. 외삼촌이 돌아가셨는데 돌아가시면서 저를 외숙모에게 부탁하셨대요."

"응, 그렇구나. 그렇다면 외숙모가 너를 스스로 맡은 게 아니구나."

"네. 외숙모는 저를 맡는 것을 싫어하셨어요. 그런데 외삼촌이 돌아가시기 전에 외숙모에게 언제까지나 돌봐 줄 것을 부탁하셨다고 해요. 이 이야기는 하인들한테 들었어요."

"그렇구나, 제인. 내게 외숙모에 관한 이야기를 모두 해 보렴. 하지만 과장을 하면 곤란하단다."

나는 템플 선생님의 말에 힘을 얻었다.

그리고 나서 나의 슬픈 이야기를 모두 해 드렸다. 그리고 나를 도와주셨던 로이드 씨에 대해서도 이야기했다.

템플 선생님은 이야기를 다 들으시고 한동안 아무 말 없이 나를 바라보시기만 하셨다. 그리고 이렇게 말씀하셨다.

"제인, 나도 로이드 씨를 알고 있단다. 내가 로이드 씨한테 편지를 쓸게. 그 분의 답장이 네가 한 말과 맞으면 너는 누명을 벗게 되는 거야. 알았지? 제인, 넌 이제 내게는 결백한 아이야. 브로클허스트 씨의 말은 내게 중요하지 않아."

템플 선생님은 내 볼에 살짝 키스를 해 주셨다. 그리고 나서 헬렌에게 물었다.

"헬렌, 오늘 저녁 몸은 좀 어떠니? 낮에 보니 기침을 많이 하는 것 같던데……."

"괜찮아요, 선생님. 기침이 예전만큼 심하지는 않아요."

그 말을 듣고 템플 선생님은 헬렌의 머리를 짚어 열이 있나 확인하고, 손목을 잡고 맥박을 재 보셨다. 그리고는 빙그레 웃으며 말씀하셨다.

"오늘 밤, 너희 둘은 내 방에 온 손님이야. 그러니 마땅히 손님 대접을 해야지."

템플 선생님은 헬렌과 나를 위해 멋진 식탁을 차려 주셨다. 우리 둘은 오후에 있었던 우울했던 일을 잊고 크게 웃을 수 있었다.

이 일이 있은 지 일주일 후 템플 선생님은 로이드 씨로부터 답장을 받았다. 템플 선생님은 학원의 모든 학생들을 모아 놓고 이렇게 말씀하셨다.

"여러분, 제가 제인 에어의 과거를 모두 조사해 보았습니다. 그러나 제인은 결코 나쁜 아이거나 거짓말쟁이가 아니란 것을 알게 되었습니다. 이제 제인은 결백한 아이입니다. 저는 제인이 모든 누명을 벗게 되어 무척 기쁩니다."

템플 선생님은 이렇게 말씀을 마친 다음 내 손을 잡아 주시고 가볍게 키스해 주셨다. 나는 너무 기뻐서 펄쩍 뛰어오르고 싶었지만 꾹 참았다. 마음속은 기쁨으로 가득 찼다. 앞으로 로드 학원에서의 생활은 좋은 일만 있을 것 같았다.

9

더 이상 로드 학원에서 불편하거나 괴로운 일은 없었다. 그리고 어느

덧 봄이 다가오고 있었다. 그러나 봄의 짙은 안개와 꽃샘 추위는 로드 학원의 반 이상의 학생들을 열병으로 앓아 눕게 했다. 로드 학원은 햇볕이 잘 들지 않는 숲 속 골짜기에 있어서 학생들은 병에 잘 걸렸다.

로드 학원의 담장 안에 죽음의 그림자가 드리워졌다.

불행하게도 내 친구 헬렌도 병을 앓고 있었다. 헬렌은 다른 학생들이 앓고 있는 그 열병이 아니었다. 헬렌의 병은 폐렴이었다. 나는 의학에 관한 상식이 없었기 때문에 헬렌의 병이 쉽게 나을 수 있으리라 생각했다. 나는 폐렴은 누군가의 간호만 열심히 받으면 고칠 수 있는 가벼운 병으로 생각했다.

그런데 상황이 심상치 않았다. 선생님들은 우리가 헬렌에게 가는 것을 허락하지 않았다. 우리는 그녀를 멀찌감치 창문으로만 바라볼 수 있었다.

6월이 되었을 때, 나는 메어리 앤이라는 친구와 늦게까지 숲 속에 있었다. 우리는 다른 학생들과 떨어져 산책을 했다. 그런데 너무 멀리까지 걸어갔다가 그만 길을 잃어버리고 말았다. 간신히 숲이 끝나는 지점에서 오두막집을 발견했고, 그 곳 주인에게 로드 학원까지 오는 길을 물어 돌아올 수 있었다. 우리가 학원에 도착했을 땐 밤이었다. 하늘에는 달이 높이 떠 있었다.

메어리 앤은 서둘러 잠을 자러 갔지만 나는 혼자 화단에 앉아 달을 바라보았다. 그 때 현관문이 열리는 소리가 나더니 의사 베이츠 선생님과 간호사가 나왔다. 의사 선생님이 말을 타고 떠나고 간호사가 막 문을 닫으려 할 때 나는 간호사에게 달려가 물었다.

"헬렌은 어떤가요?"

"상태가 안 좋구나. 위독해!"

"의사 선생님은 헬렌 때문에 오신 건가요?"

"응."

"헬렌에 대해 뭐라고 말씀하세요?"

"헬렌이 이 곳에 오래 있지 않을 거라고 말씀하셨어."

그 말을 듣는 순간 나는 커다란 충격을 받았다. 로드 학원에서 헬렌을 볼 수 없다는 것은 나에게 희망의 촛불 하나가 꺼지는 것이었다. 나는 헬렌을 꼭 만나봐야겠다는 생각이 들었다.

"헬렌은 지금 어느 방에 있나요?"

"템플 선생님 방에."

"지금 선생님 방에 가서 헬렌과 이야기를 하면 안 될까요?"

"그건 곤란해! 헬렌은 만날 수 없어. 그리고 제인, 이렇게 추운 날씨에 밖에 있으면 너도 티푸스에 걸릴지 몰라. 어서 안으로 들어가!"

간호사는 현관문을 닫았다. 나는 잠시 후, 교실로 통하는 옆문을 이용해 방 안으로 들어왔다. 그 때 밀러 선생님이 학생들에게 잠을 자라고 하셨다.

모두 잠이 들었을 시각까지도 나는 잠을 이루지 못했다. 나는 조심스럽게 일어나 잠옷 위에 외투를 걸치고 살금살금 템플 선생님 방으로 갔다. 무슨 일이 있어도 헬렌을 만나야겠다고 생각했다. 헬렌이 죽기 전에 꼭 껴안아 주고 키스해 주어야 한다고 생각했다. 나는 템플 선생님 방으로 들어가 나직하게 헬렌을 불렀다.

"헬렌, 헬렌! 자니?"

헬렌의 얼굴은 병 때문에 무척 핼쑥해 보였다. 하지만 평온한 얼굴이었다. 그 모습을 보자 나는 헬렌이 죽을지도 모른다는 두려움에서 벗어날 수 있었다.

"어머, 제인!"

나는 몸을 구부려 헬렌의 얼굴에 키스해 주었다.

"제인, 이렇게 늦은 시간에 웬일이야?"

"헬렌, 네가 보고 싶어서 왔어. 몹시 아프다며? 그 소리를 들으니 잠이 오지 않아서……."

"그래……. 나도 너에게 인사를 하고 싶었어."

"그게 무슨 말이야? 너 집으로 가니?"

"응. 영원한 집으로 가."

"안 돼, 그럴 수는 없어. 헬렌, 너는 죽지 않아!"

나는 목이 메어서 말을 할 수가 없었다.

"제인, 난 행복해. 그러니까 내가 죽어도 슬퍼하지 마. 사람은 언젠가 모두 죽어야 한단다. 죽으면 하느님을 만날 거야. 그래서 나는 내가 죽는 게 하나도 슬프지 않아."

"하느님은 어디 계시는데? 하느님은 어떤 분이신데, 죽는 게 하나도 무섭지 않다는 거야?"

"하느님은 우리를 만드신 분이야. 하느님은 나를 사랑하시듯, 제인 너도 사랑하신단다."

"나도 죽으면 너를 그 곳에서 볼 수 있는 거야?"

"그럼, 그렇고말고."

우리는 서로 꼭 껴안고 잠이 들었다.

아침에 나는 이상한 흔들림에 눈을 떴다. 나는 간호사의 팔에 안겨 있었다. 간호사는 나를 안고 기숙사로 데려갔다. 내가 기숙사를 떠나 템플 선생님 방에서 잤는데도 아무도 나를 꾸중하지 않았다. 모두 정신이 다른 곳에 가 있는 것 같았다. 내가 이것 저것 물어 보았지만 아무도 속 시원한 대답을 해 주지 않았다. 나는 이 일이 있고 이틀이 지나서야 모든 사실을 알았다.

템플 선생님이 새벽에 자기 방에 들어왔을 때 헬렌과 함께 잠자고 있는 나를 발견했고, 그 때 이미 헬렌은 죽어 있었다고 했다.

헬렌은 브로클허스트 교회 묘지에 묻혔다.

10

무서운 티푸스는 시간이 지남에 따라 수그러들었다. 그러나 티푸스 때문에 많은 학생들이 죽었다. 이 사건으로 인해 로드 학원은 많은 사람들의 관심을 받게 되었다. 병이 생긴 원인을 조사해 보니, 로드 학원 이 세워진 곳이 건강에 좋지 않은 곳이라고 했다.

그리고 학생들이 먹는 음식이 좋지 않았으며, 학교와 학생의 청결 상태가 좋지 않았다고 했다. 이 조사 결과는 브로클허스트 씨를 곤란에 빠뜨렸지만 학생들에게는 좋은 결과를 가져왔다.

그 지방의 한 부자가 환경이 좋은 곳에 로드 학원을 새로 지어 주었다. 마침내 학생들은 햇빛이 잘 비치지 않는 산골짜기에서 벗어나 햇볕이 잘 드는 곳에서 공부할 수 있게 되었다.

로드 학원에서 나는 많은 세월을 보냈다. 로드 학원이 개선되고 나서 6년은 학생, 2년은 교사로 총 8년 동안 있었다.

템플 선생님은 교장 선생님이 되셨다. 템플 선생님은 나에게 어머니이자 선생님이자 친구가 되어 주셨다. 템플 선생님은 어떤 목사와 결혼을 해서 먼 곳으로 떠나셨다. 그 분이 로드 학원을 떠나시자 나도 더 이상 그 곳에 있을 의미가 없어졌다. 그래서 나는 신문 광고를 통해 가정교사 자리를 구했다.

얼마 후 나는 소온필드 페어팩스 부인으로부터 열 살 아래의 소녀 한 명을 가르치면 연 30파운드의 봉급을 주겠다는 연락을 받았다

나는 그 편지를 받고 잠시 망설였으나 결국 가기로 결정하고 떠날 준비를 했다.

로드 학원을 떠나는 날, 잠시 학원을 둘러보고 있을 때 하녀 한 명이 달려와 누가 나를 기다린다고 했다.

'나를 찾아올 사람이 없을 텐데……. 누굴까? 아마 짐을 날라 줄 사람이겠지.'

그 때 누군가가 나를 향해 뛰어왔다. 뜻 밖에도 베시였다.

"제인 아가씨, 나를 잊어버리지는 않았겠죠?"

나는 정신없이 그녀를 부둥켜안았다. 베시도 반갑게 웃으면서 나를 끌어안았다. 베시는 너무 반가워서 눈물까지 흘렸다.

나는 베시를 내 방으로 안내했다. 베시는 남자아이 하나를 데리고 왔다. 아들이라고 했다. 이 아들말고도 딸이 한 명 더 있다고 했다.

베시는 5년 전 마부 로버트와 결혼해서 문지기가 살던 집에 산다고

했다. 나는 외숙모 가족들에 대해 물어 보았다.

"엘리자 아가씨는 아가씨보다 훨씬 키가 커요. 조지아나 아가씨도 그렇고요. 지난번에 마님과 런던에 갔었는데 인기가 대단했대요."

"존은 어떻게 지내?"

"존 도련님 때문에 마님의 걱정이 이만저만한 게 아니에요. 삼촌들은 모두 법학을 공부하라고 하지만 방탕하게 시간을 보내고 있답니다."

"리드 외숙모는?"

"건강해 보이지만 존 도련님 때문에 마음이 편치 않지요. 존 도련님은 돈을 어찌나 낭비하는지, 한 마디로 골치아픈 아들이지요."

"외숙모가 여기 가 보라고 하신 거야?"

"아니오. 전 옛날부터 제인 아가씨가 보고 싶었어요. 그런데 다른 곳으로 간다는 소문을 듣고 만나 보려고 부지런히 온 거라고요."

베시는 내 방에 있는 피아노를 보고는 나에게 피아노를 칠 줄 아느냐고 물었다. 약간 친다고 하자 피아노 뚜껑을 열고서는 한 곡 연주해 달라고 했다. 나는 왈츠 몇 곡을 연주했다.

"리드 가의 아가씨들은 이렇게 잘 치지 못하는데……. 제인 아가씨, 정말 정말 멋져요!"

하며 베시는 내 실력에 감탄했다.

그러고는 그림도 그릴 줄 아느냐고 물었다. 난로 위에 있는 그림들을 모두 내가 그렸다고 하자, 베시는 입을 크게 벌리고는 다물 줄을 몰랐다.

베시와 나는 한 시간 정도 옛날에 함께 지내던 이야기를 했다. 그러나 우리는 곧 헤어져야 했다. 베시는 게이츠헤드로 갈 마차를 타야 했고, 나는 가정교사를 하러 새로운 일터로 떠나야 했기 때문이다.

11

　마차로 열여섯 시간이나 달려서야 나는 새로운 직장이 될 땅을 밟았다. 누군가 마중 나와 줄 것으로 생각했지만 아무도 나를 찾는 사람은 없는 듯했다. 그런데 얼마쯤 시간이 지났을 때 어떤 남자가 오더니 제인이냐고 물었다. 그렇다고 하자 그는 내 짐을 들더니 따라오라고 했다. 그 남자를 따라가 보니 마차가 있었다.

　남자는 내 가방을 들어 마차에 올려놓았다. 남자는 친절한 구석이라고는 하나도 없어 보였다. 나는 마차에 올라타며 물었다.

　"여기서 소온필드가 얼마나 되나요?"

　"약 10킬로미터쯤 될 거요."

　길은 질퍽했고 안개가 끼어 있어 마을의 풍경이 잘 보이지 않았다. 마침내 마차는 어떤 집의 정문 앞에 멈춰섰다. 그 집은 방 하나만 불이 켜져 있었고 나머지는 캄캄했다. 하녀인 것 같은 여자가 마차 소리를 들었는지 문을 열고 나왔다.

　"이리로 들어오세요."

　하녀가 안내한 곳은 작지만 아늑한 방이었다. 방 안에는 불이 활활 타오르는 벽난로가 있었고, 둥근 테이블과 오래 된 흔들 의자가 있었다.

　주인 여자는 뜨개질을 하고 있었고, 그녀의 발 아래에는 고양이 한 마리가 졸린 표정으로 웅크리고 있었다.

　내가 들어가자 부인은 나를 상냥하게 맞아 주었다.

　"어서 오세요. 오는 데 힘들었지요? 날씨가 추운데 어서 난로 옆으로 오세요."

　"페어팩스 부인이신가요?"

"네, 맞아요. 이쪽에 앉으세요."

그 부인은 하녀에게 내 짐을 방으로 들여놓으라고 했다. 나는 내가 가르칠 아이가 페어팩스냐고 물었다. 부인은 아니라고 했다.

"아델이란 아이입니다."

"그렇다면 부인의 따님이 아니군요."

"그래요, 난 아이가 없어요."

부인은 이어서 말했다.

"잘 됐어요. 이렇게 말동무가 생겼으니 말이에요. 아까 보셨던 그 하녀 이름은 리아예요. 마음씨가 아주 좋답니다. 혼자 사니까 심심했답니다. 저녁마다 쓸쓸했고요. 그런데 얼마 전에 아델과 그의 보모가 이리로 왔어요. 어린아이가 있으니 집안이 환해지는 것 같아요."

나는 부인이 마음에 들었다. 부인은 내가 오랫동안 여행을 해서 피곤할 거라며 빨리 가서 쉬라고 했다. 여행으로 지쳐 있던 나는 그날 밤 아주 편안한 마음으로 잠이 들었다.

다음 날 아침, 내 기분은 최고였다. 창문 사이로 들어오는 햇살을 보며 나는 내 앞길이 이렇게 밝을 거라는 기대에 부풀었다.

창문을 열고 아침의 맑은 공기를 흠뻑 들이마셨다. 그리고 현관문을 열고 정원으로 나갔다. 정원에서 이 집의 전경을 볼 수 있었다.

이 집은 3층 건물로 전체적으로 큰 건물이었지만 위압감을 주지는 않았다. 주변 경치도 좋았다.

'페어팩스 부인 혼자 살기에는 좀 크지 않나?'

이런 생각을 하고 있는데, 페어팩스 부인이 나왔다.

"어머, 일찍 일어나셨네요? 여행 때문에 피곤했을 텐데……. 이 곳은 마음에 드나요?"

"네, 무척 맘에 들어요. 아름다운 곳이군요."

"예, 정말 아름다운 곳이에요. 하지만 이 집이 점점 변해 가는 것 같아 걱정이에요. 로체스터 씨가 아주 와서 살든지, 아니면 자주 오셔야 할 것 같아요."

"로체스터 씨는 누구죠?"

"이 집 주인이지요. 선생님은 이 집 주인이 로체스터 씨라는 것을 모르셨나요?"

"저는 이 집이 부인 것인 줄 알았는데요."

"내 집이라고요? 아니에요. 나는 이 집 관리인이랍니다. 로체스터 씨와 외가 쪽으로 먼 친척이 되긴 하지만."

"그렇다면 내가 가르칠 아이는……?"

"로체스터 씨의 수양딸이랍니다. 나보고 그 아이 가정교사를 구하라고 하셨지요. 아, 마침 저기 아델이 오는군요."

친절하고 상냥한 페어팩스 부인도 나와 마찬가지로 이 집의 고용인이었다. 그것을 알자 나는 부인에게 더 친밀감을 가질 수 있었다.

아델이라는 아이는 일곱 아니면 여덟 살쯤 되어 보였다. 몸과 얼굴이 말랐고, 머리는 곱슬머리로 허리까지 내려왔다.

"아델! 잘 잤니? 이리 와 봐. 이 분이 너를 가르쳐 주실 분이다."

"이 분이 내 선생님이라고요?"

"응, 아델의 선생님."

나는 이들이 프랑스 어로 말하는 것을 보고 깜짝 놀랐다. 나는 로드 학원에서 프랑스 어를 배웠기 때문에 이들이 나누는 대화를 알아들을 수 있었다.

나는 아델에게 프랑스 어로 몇 가지 물어 보았다. 그랬더니 아이는 그것이 반가웠는지 계속 재잘거리기 시작했다. 프랑스 어로 자기 소개를 했다.

아델은 자기 엄마랑 둘이 살았는데, 어느 날 엄마가 성모 마리아에게 가 버렸다고 했다. 엄마는 자기에게 춤과 노래, 그리고 시를 가르쳐 주셨는데, 엄마가 가르쳐 준 노래를 한 곡 불러도 되겠느냐고 물었다. 내가 그렇게 하라고 하자 아이는 고사리 같은 손을 앞으로 얌전히 모으고 눈은 약간 하늘을 향하고 노래를 불렀다. 노래를 다 부르고는 스스로 자랑스럽다는 표정을 지으며 나에게 다시 물었다.

"선생님, 이번에는 시를 외워 볼까요?"

아델은 동화같이 긴 시를 외웠는데, 그 솜씨로 보아 아델이 세심한 훈련을 받았다는 것을 알 수 있었다. 나는 아델에게, 엄마가 성모 마리아에게 가신 다음에 누구와 살았는지를 물어 보았다.

"프레드릭 부인과 살았어요. 그런데 오래 살지는 않았어요. 로체스터 아저씨가 영국으로 가서 살고 싶지 않냐고 해서 그러겠다고 대답했어요. 로체스터 아저씨는 나에게 예쁜 옷과 장난감을 사다 주셨거든요. 그런데 여기에 데려다 놓으시고는 자주 안 오세요……."

아이의 표정이 갑자기 시무룩해졌다.

나는 아침 식사를 마치고 아델과 서재로 가서 공부를 했다. 하지만 아델은 공부하는 것을 별로 좋아하지 않았다. 그러나 순진한 아이였다. 나는 아델이 아직 규칙에 익숙하지 않은 듯해서 너무 엄하게 가르치는 것이 좋지 않을 거라는 생각을 했다. 오전 공부를 마쳤을 때 부인은 방 청소를 하고 있었다. 그 방은 로체스터 씨의 방이었는데, 나는 그토록 크고 아름다운 방은 처음 보았다.

부인은 로체스터 씨가 언제 불쑥 나타날지 모르니, 항상 이렇게 깔끔하게 청소해야 한다고 했다.

"로체스터 씨는 까다로운 분이신가 봐요?"

"아니, 전혀 그렇지 않아요. 하지만 신사다운 분이시죠. 그리고 모든 일들이 신사답게 처리되기를 좋아하세요."

"사람들이 로체스터 씨를 좋아하나요?"

"당연하죠. 로체스터 가문은 옛날부터 이 지방 사람들의 존경을 받았어요. 이 지방의 대부분의 땅이 로체스터 씨 거랍니다."

"땅은 관심 없어요. 인간성이 어떤지가 궁금한데요."

"좋으신 분이지요. 그 분의 땅을 경작하는 소작농들도 그 분을 너그러운 사람이라고 생각하고 있어요."

"그것말고 다른 특별한 점은 없나요?"

"글쎄……. 그 분의 말씀을 듣고 있으면 농담인지 진담인지 구별이 안 될 때가 많아요. 그리고 기분이 좋은지 나쁜지 표정으로는 알 수가 없답니다."

페어팩스 부인은 로체스터 씨에 대해 여기까지만 이야기해 주었다.

12

소온필드에서의 하루는 순조롭게 지나갔다. 처음 이 곳에 왔을 때의 기대를 실망시키는 일은 일어나지 않았다. 페어팩스 부인은 첫 인상만큼이나 부드럽고 온순한 분이었다. 아델은 가끔 고집을 부렸지만 그렇게 힘든 고집쟁이는 아니었다. 시간이 갈수록 공부에도 재미를 붙였고 관심을 가졌다. 그리고 선생인 내 마음에 들려고 애쓰기도 했다.

1월의 어느 날, 아델이 몸이 좋지 않아 공부를 시키지 않았다. 그래서 약간의 시간이 생겨 페어팩스 부인이 써 놓은 편지를 부쳐 준다고 마을로 내려갔다. 추운 겨울이었지만 빠르게 걸어 등에서 땀이 났다.

소온필드에서 1.5킬로미터쯤 내려오다가 잠시 쉬었다. 주위는 조용했다. 그 때 갑자기 거친 소리가 들렸다. 요란한 말발굽 소리였다. 남자를

태운 말이 내 곁을 지나갔다. 그 옆에는 개 한 마리도 있었다.

　말과 개가 내 옆을 지나간 다음, 나는 다시 일어나 걸었다. 내가 몇 걸음 걸었을 때 갑자기 미끄러지는 소리가 들렸다. 뒤를 돌아보니 사람과 말이 모두 쓰러져 있었다. 빙판에 말이 미끄러진 모양이었다. 함께 있는 개는 주인이 걱정되었는지 미친 듯이 짖어 댔다. 나는 사람이 쓰러진 곳으로 달려갔다.

　"어디, 다치신 데는 없으세요?"

　그는 내 물음에 대답하지 않았다. 나는 다시 물었다.

　"도와 드릴까요?"

　"괜찮습니다."

　남자는 혼자 간신히 일어나면서 대답했다. 그는 일어나서 다친 곳이 있나 살펴보았다. 그의 표정을 보니 몹시 아픈 것 같았다. 그는 다리를

절었다.

"도움이 필요하시다면 제가 사람을 불러 드리겠습니다."

"고맙습니다. 하지만 걸을 수 있습니다. 발을 약간 삐었을 뿐이니까 요."

그는 나이가 서른다섯 살쯤 되어 보였다. 키는 중간 정도였고 가슴이 넓었다. 몹시 무뚝뚝해 보였다. 그는 나에게 돌아가라고 했지만 나는 꼼짝 않고 말했다.

"이렇게 외딴 길에서 다친 사람을 보고 그냥 지나칠 수는 없습니다."

"당신이나 어서 집으로 돌아가십시오. 날도 많이 저물었는데……. 그런데 당신 집은 어디입니까?"

"바로 이 밑에 살아요. 편지를 부치려고 마을로 내려가는 길이랍니다."

"혹시 저 집은 아니겠죠?"

그가 손가락으로 가리킨 곳은 바로 내가 살고 있는 소온필드였다.

"맞는데요."

"그래요, 저긴 누구 집인가요?"

"로체스터 씨 댁입니다."

"그를 알고 있나요?"

"아니오. 아직 본 적이 없습니다."

"당신은 그 집에서 무엇을 하나요?"

"예, 전 가정교사인데요⋯⋯."

꼬치꼬치 물어 대는 남자가 이상했지만, 나는 자신도 모르게 그 남자가 물어 보는 대로 대답을 해 주고 있었다. 그 남자는 내 말을 듣고는 이렇게 말했다.

"아, 가정교사가 있었지. 잊고 있었군."

그러더니 나에게 도와 달라고 했다. 그가 부탁한 것은 말고삐를 잡는 것이었다. 올라타기 위해서였다. 나는 말고삐를 잡는 것이 무서웠지만 그의 부탁을 거절할 수는 없었다. 그는 말에 올라타더니 고맙다는 말을 하고는 숲 속으로 사라졌다.

편지를 부치고 집에 돌아왔을 때, 나는 아까 오솔길에서 만난 남자와 함께 있던 개를 발견했다.

나는 이상한 생각이 들어 하녀에게 물었다.

"이 개는 누구 거지?"

"주인 어른 건데요."

"누구라고?"

"이 집 주인, 로체스터 씨요."

하녀는 주인이 집에 오시는 길에 사고를 당해 발을 다쳤다며, 페어팩스 부인과 함께 있다고 묻지도 않은 말까지 해 주었다.

13

그 날 나는 로체스터 씨를 만나지 못했다. 로체스터 씨는 의사의 지시에 따라 일찍 잠자리에 든 것 같았다.

다음 날 아침, 그는 다친 발로 사무실에 내려와 대리인과 소작인들과의 면담을 준비하고 있었다.

나는 여느 때처럼 페어팩스 부인과 아델과 식사를 했다. 오후가 되자 눈이 내리기 시작했다. 저녁 무렵 나는 아델과 공부를 마치고 혼자 창가에서 휘몰아치는 눈보라를 바라보고 있었다. 그 때 페어팩스 부인이 들어와 내게 말을 했다.

"로체스터 씨가 오늘 저녁에 선생님과 아델과 함께 차를 마시고 싶으시답니다."

"몇 시에 차를 드시나요?"

"여섯 시요. 로체스터 씨는 이 곳에 오시면 늘 하루 일과를 정리하고 일찍 주무신답니다. 어서 옷을 갈아입으세요."

"옷을 갈아입으라고요?"

"그러는 게 좋을 거 같은데요. 로체스터 씨가 계시는 동안에는 편한 옷보다는 단정한 옷을 입는 것이 좋아요."

나는 조금 거북했다. 아무리 주인이지만 옷까지 그렇게 차려 입을 필요가 있을까 생각했다. 하지만 부인이 시키는 대로 검은 비단옷으로 갈아입었다. 그리고 작은 진주 브로치를 가슴에 달았다. 이 브로치는 템플 선생님이 로드 학원을 떠나면서 나에게 주신 선물이었다.

"제인 에어 선생님을 모셔 왔습니다."

페어팩스 부인의 말에 로체스터 씨는 아무 말도 하지 않고 고개만 끄덕였다. 그리고 잠시 후 내게 자리를 권했다.

"자리에 앉으세요."

내가 자리에 앉았는데도 로체스터 씨는 움직이지 않았고 아무 말도 하지 않았다. 분위기는 딱딱했다. 페에팩스 부인이 분위기를 띄우기 위해 먼저 입을 열었다.

"하루 종일 일하시느라 힘드셨죠? 삔 다리는 괜찮으세요?"

그러나 로체스터 씨는 대답도 없이 차 좀 갖다 달라고 했다. 부인은 하인을 불러 차를 날라 오게 했다. 로체스터 씨는 나에게 아델을 테스트해 보았는데 실력이 나아졌다고 말했다. 별로 영리한 아이가 아닌데 자기가 없는 사이에 많이 똑똑해졌다고 했다.

그러고는 이렇게 물었다.

"이 집에 오신 지는 얼마나 됐죠?"

"세 달 정도 되었습니다."

"여기 오기 전에는 어디 계셨습니까?"

"로드 학원에 있었습니다."

"아아, 로드 학원……. 거기에는 얼마나 있었습니까?"

"8년 정도 있었습니다."

"8년이나? 참을성이 많은 사람이군요. 그런 곳에서는 1년도 견디기가 힘들 텐데……. 부모님은?"

"두 분 다 돌아가셨습니다."

"그럼, 친척이라도?"

나는 고개를 저었다.

"그럼, 집은?"

나는 마찬가지로 고개를 저었다.

"그러면 여기는 누구 소개로 오게 되었소?"

"제가 신문에 광고를 냈습니다. 그랬더니 페어팩스 부인이 연락을 주셨어요."

그러자 페에팩스 부인이 내 칭찬을 해 댔다. 자기에게 소중한 말동무이고 아델에게는 친절하고 자상한 선생님이라고.

로체스터 씨는 그 말을 자르며 이렇게 말했다.

"제인 에어 선생, 당신은 첫 인사로 내 말을 넘어뜨렸소."

"아니, 그게 정말이에요?"

페어팩스 부인이 깜짝 놀라며 물었다.

"당신은 도시에서 살아 본 일이 있소?"

"아니오."

"사교 파티에는 나가 보았소?"

"아니오."

그리고는 로드 학원에 처음 갔을 때가 언제였냐고 물었다. 내가 열 살 때였다고 하자 나이 계산을 했는지 이렇게 물었다.

"그럼 지금 열여덟 살인가요?"

그리고는 내가 피아노를 칠 줄 아는지, 어떤 곡을 연주할 수 있는지 물어 보았다. 피아노를 한번 쳐 보라고 하더니 시큰둥하게 말했다.

"실력은 대단치 않군."

그리고 이렇게 물었다.

"오늘 아침에 아델이 그림 몇 장을 보여 주면서 당신이 그린 것이라고 하던데……. 사실인가요?"

"네."

로체스터 씨는 언제 그림 그릴 시간이 있었느냐며, 내 그림 실력을 칭찬해 주었다. 그리고는 내가 그린 그림을 한참 동안 쳐다보았다.

"선생은 그림을 그릴 때 행복한가요?"

"네, 저는 그림 그릴 때가 제일 행복해요. 그것에 몰두하다 보면 다른 것은 아무것도 생각나지 않지요."

그는 시계를 보더니 벌써 아홉 시가 되었다며, 아델을 재우라고 했다. 나는 방을 나오면서 페어팩스 부인에게 물었다.

"페어팩스 부인, 주인은 괴상한 분이 아니라고 하셨는데, 오늘 보니 좀 괴상한 것 같군요."

"처음 보는 사람은 대개 그렇게 생각해요. 하지만 오래 같이 있어서 그런지 나는 전혀 그런 생각이 안 들어요. 하지만 약간 변덕스럽긴 하지요. 그래도 선생님이 이해하세요."

"왜요?"

"남들이 볼 때는 모든 것을 가져서 행복할 것 같지만, 저 분에게도 걱정거리가 있답니다."

"뭔데요?"

"가정 불화요. 형제간에 사이가 좋지 않았어요. 형이 한 분 있었는데 9년 전에 돌아가셨어요. 형님 되시는 분이 유언도 없이 돌아가시자, 그 유산을 로체스터 씨가 상속하게 되었어요. 로체스터 씨는 형의 집이었던 이 집을 싫어하는 것 같아요. 이 곳에 와서 보름 이상 머문 적이 없는 걸 봐서는요."

나는 페어팩스 부인의 말을 이해할 수는 없었지만, 그녀가 더 이상 이야기하는 것을 꺼려하는 것 같아서 더 묻지 않았다.

14

나는 며칠 동안 로체스터 씨를 만나지 못했다. 그는 늘 바쁜 것 같았다. 로체스터 씨와는 복도나 층계에서 몇 번 부딪혔을 뿐이다.

어느 날 저녁, 로체스터 씨는 손님들과 식사를 하다가 내가 그린 그림을 보여 달라며 하인을 보냈다. 아마도 내 그림을 손님들에게 보여 주려는 모양이었다.

'왜 그랬을까?'

바람이 몹시 불어서인지 손님들은 식사가 끝나자 모두 가 버렸다. 손님이 나가자 로체스터 씨는 나와 아델을 불렀다. 함께 내려가는데 아델이 말했다.

"선생님, 아마 선물을 주려고 하시나 봐요."

역시 아델의 말대로 선물이 있었다.

아델은 선물을 보고 깡충깡충 뛰면서 좋아했다. 나는 잠자코 아델의 천진한 모습을 바라보았다. 로체스터 씨는 하인에게 페어팩스 부인을 오라고 시키더니, 부인이 오자 아델을 데리고 나가라고 했다.

"부인, 아마 아델은 선물 받은 것 때문에 누군가와 이야기하고 싶어 죽을 지경일 거요. 하지만 나는 아이들하고 이야기하는 것을 별로 좋아하지 않소. 그러니 아델의 말상대가 되어 주시오."

물론 아델이 들리지 않도록 조심스럽게 조용히 말했다.

페어팩스 부인이 아델을 데리고 나가자, 로체스터 씨 말대로 아델은 선물에 대해 조잘대며 말하기 시작했다. 로체스터 씨는 이들이 나가자 나에게 난로 가까이에 앉으라고 했다. 활활 타오르는 불 덕분에 로체스터 씨의 얼굴이 잘 보였다. 나는 로체스터 씨의 얼굴을 찬찬히 살폈다. 그러자 로체스터 씨가 나에게 얼굴을 바싹 들이대더니 말했다.

"내 얼굴에 뭐가 묻었나요?"

나는 아무 말도 하지 않았다.

"내가 미남이라고 생각하시오?"

황당한 질문에 나는 무심결에 대답했다.

"미남은 아니신데요."

"그래요? 허허, 당신은 다른 사람들하고 약간 다릅니다. 내가 사람들에게 무얼 물으면 다른 사람들은 쩔쩔 매거나 듣기 좋은 소리를 하는데……. 당신은 서슴지 않고 아니라고 대답을 하는군요."

"죄송합니다. 제가 너무 솔직했나 보군요."

"내 말에 당황했나 보구려. 당신 말대로 내가 미남이 아니듯 당신도 그다지 미인은 아니군요. 하지만 그 당황하는 모습이 마음에 드는군요."

나는 로체스터 씨에게 아무 말도 하지 못했다. 무슨 말을 해야 할지 잘 몰랐고, 또 다른 말실수를 할 것 같았기 때문이다.

"오늘 밤은 사람이 그리웠어요. 그래서 선생을 이리 오라고 했소. 무슨 말이라도 좋으니 좀 해 보시오."

"무슨 말을 듣기 좋아하세요?"

"뭐든 당신이 하고 싶은 얘기면 무엇이든 좋소."

"글쎄요. 어떤 이야기를 해야 할지 모르겠네요. 로체스터 씨가 궁금해하는 것이 있다면 대답해 드리지요."

"좋아요. 당신은 내가 당신보다 나이도 많고 당신에게 봉급을 주는 주인이라는 이유로, 당신에게 무뚝뚝하게 대하는 것이 괜찮소?"

"그건 로체스터 씨 마음대로 하세요."

"나는 정확한 답을 듣고 싶소."

"저는 누구에게 무엇을 요구할 권리가 없어요. 선생님은 분명히 저보다 먼저 태어났으니 지혜가 많으시겠지요."

"사실 나는 나이가 많다는 이유로 권리를 내세운 적은 없소. 다만 말씨가 무뚝뚝하고 거칠 뿐이지. 그리고 평소에 명령조로 말을 하니 그

것 때문에 화를 내지는 마시오."

"제 생각에는 봉급을 받는 사람이 고용주의 명령조의 말투에 화가 나지 않을까 걱정하는 고용주는 없을 것 같은데요."

"그렇다면 내가 당신 고용주로서 어느 정도 폼을 잡아도 되겠소?"

"네, 마음대로요. 하지만 너무 무례하게 대하는 것은 싫어요. 아무리 봉급을 받는 사람이라도 무례한 명령에는 따르고 싶지 않거든요."

"좋소. 사실 나는 어두운 과거를 가진 사람이오. 나는 스물한 살 때 인생의 방향을 잘못 정했소. 만약 그 시절 그런 일이 없었다면 지금과는 다른 사람이 되었을 것이오. 선생처럼 현명하고 선량하고 깨끗한 양심과 평화로운 마음을 가진 사람이 되었을 것이오. 나는 당신이 부럽소. 당신의 나이와 청춘이 부럽소."

"열여덟 살 때, 기억나는 것이 있으세요?"

"그 때 난 성실한 소년이었소. 맑은 정신과 건강이 있었소. 마치 지금의 당신처럼 순결했다오. 그 때 나를 돌이켜 보면 선량한 사람이 되기에 충분했었소. 하지만 지금의 나는 그렇지 못하오. 나는 돈을 낭비하고 방탕한 생활을 했었소. 환경이 나를 망쳤소. 내가 이런 것을 당신에게 말하는 것이 이상하지 않소? 내 이야기를 하는 게 말이오."

"······."

"당신은 내 마음의 비밀을 말해 주고 싶은 충동을 느끼게 하는 사람이오. 당신의 장점은 다른 사람들의 이야기를 잘 들어 준다는 것이오. 또······.다른 사람의 좋지 못한 행동도 따뜻한 마음으로 감싸서 그 사람을 감동시키는 능력이 있는 것 같소."

"우리는 만난 지 며칠 되지도 않았는데 어떻게 그런 생각을 하시는 거죠?"

"그렇게 느껴져요. 아마도 당신은 나에게 이렇게 말하고 싶겠지. '역경을 이겨 내셨어야 해요'라고. 맞는 말이오. 나는 내 어려움을 이겨 내야 했었소. 나는 어려움에 맞서지 못했소. 그 때의 상황에 자포자기 해서 결국 타락하고 말았지……. 내가 나를 이기지 못한 것이 후회스럽소. 하지만 어떻게 하겠소, 다 지난 일인걸. 후회해 봐야 소용 없는 일이라오. 후회는 인생을 좀먹는 독소라오."

"저는 사람이 후회하고 잘못을 뉘우치는 것이 인간의 상처를 치료해 주는 것이라고 생각하는데요."

"나는 자신을 바꾸려는 자세가 그 사람의 인생을 치료하는 것이라고 보는데……?"

"저는 당신에게 설교할 생각은 없습니다."

얼마 동안을 이야기하다가 내가 일어섰다. 결말이 없는 논쟁을 계속 한다는 기분이 들었기 때문이다.

"어딜 가려는 거요?"

"아델을 재워야지요. 벌써 잠잘 시간이 지났어요."

"당신은 나를 피하려는 거요? 아니면 내가 두려운 거요? 내가 하는 말이 이해가 되지 않소?"

"네, 그런 편이죠. 하지만 무섭거나 두려워서 그런 것은 아니에요."

"아, 그래요? 근데 한 가지, 당신은 웃을 줄 모르오? 나는 당신이 웃는 걸 본 적이 없어요. 당신은 얼마든지 웃을 수 있는 사람 같은데 말이오. 내가 태어날 때부터 나쁜 사람이 아니었듯이 당신도 원래는 우울한 사람이 아니었을 거라는 말이오. 로드 학원에서의 힘들었던 생활이 지금도 선생 마음속에 남아 있는 것 같소. 그래서 표정이 굳어 있고 목소리가 어두운 것 같소. 하지만 언젠가 당신은 나를 자연스럽게 대하게 될 것이오. 그 때가 되면 표정과 동작이 훨씬 쾌활해질 거요. 선생과 더 이야기를 하고 싶은데……. 꼭 가 봐야겠소?"

"9시가 넘었습니다."

"아델은 더 놀고 싶어할 거요."

그 때 누군가 복도를 걸어오는 가벼운 발소리가 들렸다. 아델이었다. 아델은 주름이 잡힌 빨간 원피스에 하얀 구두를 신고 있었다.

"이 옷 예뻐요? 선생님?"

그러더니 나를 향해 달려오면서 소리쳤다.

"구두도 예쁘죠? 나 춤추고 싶어요."

아델은 로체스터 씨 앞에 가더니 그의 친절에 감사하다고 한쪽 무릎을 꿇고 말했다. 그러고는 이렇게 말했다.

"아저씨, 엄마도 아저씨한테 고마운 일이 있으면 이렇게 하셨지요?"

"그래, 네 엄마랑 똑같구나."

그리고 로체스터 씨는 혼잣말처럼 이렇게 말했다.

"그래, 그리고 네 엄마는 내 주머니에서 돈을 가지고 갔지. 그리고 나는 그 때 세상 물정 모르는 청년이었고."

그런 다음 나에게 말했다.

"나중에 더 많은 이야기를 나누도록 하지요. 자, 이제 가서 주무시오."

15

어느 날 오후 나는 정원에서 우연히 로체스터 씨를 만났다. 그 때 나는 아델과 함께 있었다. 아델은 개를 데리고 놀고 있었고 나는 아델이 노는 모습을 지켜보고 있었다. 로체스터 씨는 아델이 개를 데리고 노는 동안 함께 산책을 하자고 했다.

정원을 걸으면서 나는 그와 아델의 관계를 알게 되었다. 아델은 로체

스터 씨가 열렬히 사랑했던 프랑스의 오페라 무용가인 셀린 바랑의 딸이었다. 그 무용가는 로체스터 씨를 우상처럼 여겼다고 했다.

"나는 그녀가 나를 좋아한다는 사실 하나만으로도 하늘을 붕붕 떠다니는 것 같았소. 그래서 그녀에게 최고급 호텔을 마련해 주고 하인이며 마차며 비단옷이며 값진 보석들을 사 주었지. 한 마디로 여자한테 푹 빠진 거요……. 여자에 미친 남자들이 그렇듯이 나도 그런 생활 속에서 조금씩 타락하기 시작했다오. 어느 날 밤, 셀린과 약속하지 않고 그녀의 숙소에 갔소. 그런데 그녀는 외출 중이었다오. 무척 더운 여름밤이었소. 나는 걸어왔기에 피곤하기도 해서 그녀의 방에서 쉬었지. 그러다가 문을 열고 발코니로 나갔다오. 달이 밝았고 사방은 고요한 날이었소. 그 날 하늘은 굉장히 맑았지. 발코니 의자에 앉아 담배를 꺼내 물었다오. 미안하지만 말이 나왔으니 담배를 피워도 좋겠소?"

나는 조용히 고개를 끄덕였다. 그는 다시 말을 이었다.

"그 때 아름다운 말 두 필이 이끄는 지붕이 없는 멋진 마차가 호텔 앞에서 멈추었다오. 내가 셀린에게 사 준 것이었지. 나는 반가운 마음에 일어나 셀린을 부르려고 했지. 그런데 그녀를 뒤따라 어떤 남자가 마차에서 내렸다오. 나는 나의 사랑하는 여자가 다른 남자와 함께 들어오는 것을 보고 질투로 가슴이 타는 것 같았소. 나는 두 사람이 틀림없이 방으로 들어온다고 생각하고 발코니에 남아 있었소. 그리고 방 안이 살짝 엿보일 정도로 커튼을 닫았소. 방으로 들어온 셀린은 내가 사 준 보석과 옷으로 치장하고 있었지. 남자는 누구였는지 아오? 사교장에서 가끔 만나는 남자였는데 행실이 좋지 않은 자작이었소. 나는 그렇게 형편없는 놈을 상대하는 셀린이라면 더 이상 볼 게 없다는 생각이 들었소. 그 때 테이블 위에 내 명함이 한 장 있었는데,

그걸 보자 두 사람은 내 흉을 보더군."

그 때 아델이 달려오며 말했다.

"아저씨, 손님이 찾아오셨어요. 아저씨를 뵙자고 하세요."

"이야기를 마쳐야겠군. 나는 그 소리를 듣고 방으로 들어갔지. 그리고 셀린에게 자유롭게 나를 떠나라고 했지. 그랬더니 셀린은 몸부림치며 용서해 달라고 하더군. 하지만 나는 듣지 않았다오. 그리고 그들과의 인연을 끊었다고 생각했지. 그런데 그게 아니었더군. 불행하게도 셀린이 6개월 전에 아델을 낳았는데 그 애가 내 딸이라고 주장하더군. 하지만 나는 전혀 그런 생각이 안 드오. 셀린은 나와 인연을 끊은 지 몇 해 뒤에 저 애를 버리고 음악가인지 가수인지 하는 사람과 이탈리아로 도망을 갔다오. 나는 아델의 아버지가 아니니 책임이 없지만 아이가 비참한 생활을 하고 있을 거라 생각하니 불쌍하더군. 그래서 내가 이 곳에 데려다 놓은 것이오. 혹시 저 애가 사생아라고 해서 선생이 저 아이를 가르치지 않겠다고 하는 것은 아닌지 모르겠소."

"그렇지 않아요. 아델에게는 어머니의 잘못에 대한 책임이 없어요. 어쩌면 저 아이가 고아나 다름없다는 생각에 지금보다 더 친근하게 느껴지네요."

"그렇게 생각하다니, 역시 다르군요. 자, 이제 그만 들어갑시다. 손님이 오셨다니."

로체스터 씨가 집 안으로 들어간 뒤에 나는 아델과 함께 정원에서 더 놀았다.

노는 것을 마치고 방에 들어가서 나는 아델의 모자와 외투를 벗겨 주었다. 그리고 내 무릎에 앉혔다. 아델은 이렇게 무릎에 앉히면 응석을 부렸다.

'엄마에게 물려받은 성격일까?'

하지만 아델은 장점도 많은 아이였다. 나는 그 장점을 높이 평가해주고 싶었다.

나는 혹시 아델이 여자의 말대로 진짜 로체스터 씨의 딸이 아닐까 생각하고 아델의 얼굴에서 로체스터 씨의 얼굴을 찾아보았다. 하지만 아델은 로체스터 씨와 닮은 곳이 하나도 없었다. 만약 닮은 점이 있다면, 그리고 로체스터 씨가 그것을 안다면 아델은 로체스터 씨의 귀여움을 좀더 많이 받을 텐데……

나는 그날 밤, 잠 들기 전에 로체스터 씨가 한 말을 곰곰이 생각해 보았다. 영국 부잣집 남자의 사랑과 여자의 배신은 사교계에서 흔히 있는 일이었다.

나는 로체스터 씨가 나를 대하는 태도에 대해 생각해 보았다.

그는 나를 신뢰하는 것 같았고 나를 인정하는 것 같았다. 나는 그 사람에게 마음에 들지 않는 선생은 아닌 것 같았다. 아니 오히려 나를 대하면 즐거운 표정을 지었다. 지나다 나를 만나면 말을 건네주었고 때로는 웃어 주었다.

나는 로체스터 씨가 내 주인이 아닌 먼 친척 같다는 생각이 들었다. 하지만 주인으로서 거드름을 피울 때도 있었다. 어쨌든 내 생활은 그를 만나 조금씩 좋아지는 것 같았다.

이런 생각을 하다 잠이 들었다. 그러다 웅얼웅얼하는 소리에 잠에서 깨어났다. 방은 캄캄했는데 아무것도 보이지 않았다. 다시 소리가 나는지 귀를 기울였지만 아무 소리도 나지 않았다. 다시 잠을 청했지만 잠이 오지 않았다.

그 때 시계가 한 시를 알렸다. 그 때 다시 무슨 소리가 났다. 나는 혹시 그것이 이 집에서 키우는 개, 파일럿이 아닌가 생각했다. 아침에 일어나 보면 파일럿이 내 방문 앞에서 잠들어 있는 것을 볼 때가 종종 있었기 때문이다. 그런 생각을 하자 안심이 되었다. 그런데 그 생각은 오래 가지 못했다. 내 침실문의 열쇠 구멍 사이에서 무슨 소리가 나는 것 같았다. 나는 두려웠지만 용기 있게 외쳤다.

"거기 누구세요?"

방문 밖에서 기분 나쁜 웃음소리가 들리는 것 같았다. 나는 벌떡 일어나 문으로 달려가 문에 고리를 채웠다. 그리고 다시 물었다.

"누구세요?"

잠시 후, 3층 계단으로 올라가는 소리가 들리고 층계를 막은 문이 열렸다가 닫히는 소리가 났다. 그리고 나서야 조용해졌다.

나는 혹시 이 집 그레이스가 아닌가 생각했다. 그녀의 방이 3층이었기 때문이다. 그리고 혹시 그녀가 몽유병 환자가 아닐까 하고 생각했다.

나는 무서워서 잠을 잘 수가 없어 페어팩스 부인에게 가려고 옷을 걸쳤다. 방문 바로 밖 복도 융단 위에 촛불이 켜져 있었다. 주위는 마치 연기에 쌓인 것 같이 희뿌옇게 변했다. 나는 연기가 어디서 나는지 보려고 주변을 두리번거렸다. 그 때 매캐한 냄새가 났다. 그 냄새는 로체스터 씨 방에서 흘러 나오고 있었다.

그의 방문이 약간 열려 있었고 거기서 연기가 나오고 있었다. 나는 그 방으로 뛰어들어갔다. 불길은 벌써 침대 주위로 번져 가고 있었다. 그런데도 로체스터 씨는 깊이 잠이 들었는지 꼼짝도 하지 않았다. 나는 그를 흔들어 깨웠다.

"일어나세요. 어서 일어나세요!"

불은 어느 새 이불로 번졌다. 나는 물통을 찾았다. 다행히 물통에는 물이 가득 들어 있었다. 나는 물통을 로체스터 씨 얼굴에다 부었다. 그리고 내 방으로 와서 물 주전자를 가져다가 다시 침대에 부었다. 다행히 침대를 태우려던 불길을 잡을 수 있었다. 이 난리를 피우는 통에 로체스터 씨가 눈을 떴다.

"무슨 일이오?"

"불이 났어요. 얼른 일어나 옷을 갈아입으세요. 옷이 다 젖었어요."

"당신은 제인이 아니오? 나를 물에 빠져 죽게 만들려고 했소?"

"농담할 때가 아니에요. 누군가 무슨 일을 꾸민 것 같군요. 왜 이런 짓을 했는지 어서 알아보세요."

그는 촛불을 켜고 사방을 두리번거렸다.

나는 일의 자초지종을 이야기했다. 그는 내가 이야기할 때 걱정스런 표정을 지었다. 그런데 내가 이야기를 마쳐도 표정은 바뀌지 않았고 아무 말도 하지 않았다.

"페어팩스 부인을 모셔 올까요?"

"그럴 필요 없소. 귀찮게 하지 말고 그냥 자게 내버려 두시오."

"그러면 다른 사람이라도?"

"아니, 그냥 놔 두시오. 내가 잠깐 3층에 올라갔다 올 테니, 제인 선생은 그냥 여기 있어요. 아무도 부르지 말고 말이오."

그가 3층으로 올라가고 나 혼자 그의 방에 남았다. 그렇게 얼마 동안 앉아 있으려니 춥고 피곤해졌다. 그만 내 방으로 돌아가려고 일어섰을 때 로체스터 씨가 돌아왔다. 그는 창백하고 침울한 표정을 하고 있었다.

"내 생각이 맞았어."

"뭐라고요? 누가 그랬는데요?"

하지만 그는 내 물음에 대꾸도 없이 가만히 마룻바닥만 내려다보았다. 그러고는 나에게 물었다.

"아까 기분 나쁜 웃음소리를 들었다고 했소? 혹시 전에도 그런 웃음소리를 들은 적이 있소?"

"예. 재봉일을 하는 그레이스가 그런 웃음소리를 내지요."

"그래, 그레이스야. 그 여잔 정말 이상한 사람이야. 다행히 이 사건을 아는 사람은 당신과 나, 두 사람밖에 없으니 그냥 잠자코 있어요. 이번 일을 아무에게도 말하지 마시오. 이렇게 침대가 타고 젖은 것은 내가 설명하겠소. 자, 이제 당신 방으로 돌아가 자요. 나는 서재에 가서 잘 테니."

나는 방으로 돌아오기는 했지만 잠을 이룰 수가 없었다. 새벽까지 여러 생각을 하느라고 머리가 아팠다.

16

아침이 되자 나는 침대에서 일어났다. 나는 어젯밤의 일 때문에 로체스터 씨를 만나고 싶었지만, 그를 만나는 게 조금 두렵기도 했다. 아침 먹기 전에 아델의 공부를 봐 주었다. 그리고 아침을 먹으러 가는 길에 로체스터 씨 방을 들여다보았다.

하녀 한 명이 새까맣게 연기에 그을은 유리를 닦고 있었다. 사람들은 어젯밤 화재에 대해 어떻게 알고 있는지 궁금해서 물어 보려고 로체스터 씨의 방으로 들어갔다. 방 안에는 한 사람이 더 있었다. 다름 아닌 그레이스였다. 그레이스는 침대 옆에 있는 의자에 앉아 새로 걸 커튼의 고리를 달고 있었다.

나는 그레이스의 너무나 태연한 얼굴에 놀랐다. 어젯밤에 화재를 일으킨 주인공답지 않게 너무도 태연한 얼굴이었다. 어리둥절한 표정으로 그레이스를 쳐다보았더니 오히려 그녀가 내게 물었다.

"안녕히 주무셨어요? 선생님."

그러고 나서 다시 자기 일에 열중했다. 나는 그레이스를 시험해 보고 싶었다.

"그레이스도 잘 잤어요? 조금 전에 하인들이 모여 웅성거리던데 무슨 일이라도 있나요?"

"예, 어젯밤에 주인님께서 책을 보시다가 그만 촛불을 켜 놓고 잠이 드셨대요. 그래서 불이 커튼에 붙었어요. 다행히 침대와 이불이 타기 전에 깨어나셔서 주전자 물로 끄셨대요. 큰일날 뻔했지요, 뭐."

나는 식사를 하면서 그레이스를 생각해 보았다. 페어팩스 부인이 식사 시간에 화재에 대해 이야기하는데도 거의 듣지 않았다.

'왜 로체스터 씨는 화재에 대해 비밀을 지키라고 했을까? 그레이스가 불을 냈다는 것을 알면서도 왜 아무 말을 하지 않는 것일까? 혹시 젊은 시절에 그레이스를 좋아했던 것일까?'

이런 저런 생각이 들었다. 그러나 그레이스의 뚱뚱한 몸매와 못생긴 얼굴이 떠오르자 그럴 리가 없다는 생각이 들었다. 그러면서 내 안에서 이렇게 말하고 있었다.

'제인 에어, 너도 그렇게 예쁘지는 않아. 그렇지만 로제스터 씨는 너에 대해 관심이 있는 것 같아. 너를 좋아하는 것 같아.'

식사 후 나는 아델에게 그림 그리는 법을 가르쳐 주었다.

"선생님, 왜 그러세요? 얼굴이 빨개요, 손도 떠시네요."

"아니야, 괜찮아. 허리를 구부리니까 얼굴이 빨개지는 거야."

어느덧 서쪽 하늘이 물들자 아델은 그림 그리는 것이 지루한지 놀겠다며 밖으로 나갔다.

나는 혼자 남아 로체스터 씨를 생각했다. 갑자기 그가 보고 싶어졌다. 나는 혹시 로체스터 씨가 나를 부르려고 하인을 올려 보내지 않을까 하며 기다렸다. 잠시 후 층계를 올라오는 소리가 들렸다. 나는 혹시나 하는 마음에 가슴이 떨렸다. 하지만 페어팩스 부인이 차를 마시러 내려오라는 말이었다. 내가 내려가자 페어팩스 부인이 말했다.

"차 생각이 나실 거 같아서요. 근데 오늘 어디가 아프신가요? 왜 그렇게 얼굴이 빨개요? 열이라도 있나요?"

"아뇨, 아무렇지도 않아요. 걱정 마세요."

페어팩스 부인은 주전자에 물이 끓는 동안 창 밖을 내다보며 말했다.

"별이 안 떴네……. 그래도 이만하면 여행하기엔 괜찮겠지요?"

"누가 여행이라도 갔나요?"

"로체스터 씨가 리즈로 떠나셨어요. 굉장히 큰 파티가 있다나 봐요."

"아, 그래요. 오늘 밤에 돌아오시나요?"

"아뇨, 안 돌아오실 거예요. 아마 일주일 정도 있어야 돌아오실 것 같아요."

"그 곳엔 멋진 여자들이 많은가요?"

"물론이죠. 우아하고 아름다운 귀부인들이 많답니다."

나는 밤이 깊어지자 혼자서 리즈에 있는 아름다운 귀부인들을 생각해 보았다. 그 생각을 하니 로체스터 씨가 나를 좋아할 것 같지 않았다.

'나 같은 여자를 로체스터 씨가 좋아할 거라고 생각하다니……. 바보!'

나는 스스로에게 로체스터 씨가 날 좋아할 것 같다는 기대를 갖지 말라고 타일렀다.

17

일주일이 지났다. 하지만 로체스터 씨는 돌아오지 않았다. 열흘이 지나도 오지 않았다. 언제 오겠다는 연락도 없었다.

나는 그가 나를 좋아할 거라는 기대를 조금씩 버리면서 하루하루를 보냈다. 그러면서 이 곳을 떠나야 할 때가 아닌가 하는 생각을 하였다.

'신문에 구직 광고를 내 볼까?'

2주일이 지나서야 로체스터 씨에게 연락이 왔다. 물론 나에게 온 것이 아니라 페어팩스 부인 앞으로 왔다. 아침 식사 시간에 편지를 읽고 있는 페어팩스 부인에게 내가 물었다.

"주인 어른은 언제 오시나요?"

페어팩스 부인은 내 물음에 대답도 없이 혼자 중얼거렸다.

"그 동안 한가하게 시간을 보냈는데……. 이젠 슬슬 바빠지겠는걸."

나는 로체스터 씨가 이 곳에 곧 와서 오래 있을 것이라는 짐작을 하였다. 그러자 내 가슴은 갑자기 방망이질 치기 시작했다. 나는 태연한 척하며 페어팩스 부인에게 다시 물었다.

"주인 어른은 언제 오시나요?"

"사흘 안에는 오실 것 같은데요. 이번에는 혼자가 아니라 여러 손님들을 모시고 오신 답니다. 집 안을 깨끗하게 치워 두라고 하시네요."

소온필드의 사흘은 바쁘게 흘러갔다. 하인들은 집 안을 말끔하게 치우느라 정신이 없었다. 하지만 나는 그 사흘이 지루했다.

어느 날 나는 하녀 리어가 장사하는 여자에게 그레이스에 대해 이야기하는 것을 들었다.

"아마 그레이스가 이 집에서 봉급을 제일 많이 받지?"

장사하는 여자가 리어에게 물었다.

"그럼요. 나는 그레이스가 받는 것의 5분의 1도 못 받아요. 그렇다고 내 봉급에 불만을 갖지는 않아요."

"일솜씨가 좋은가 봐?"

"그렇기도 하고요. 그레이스가 하는 일은 다른 사람이 할 수 없는 일이에요. 그레이스가 받는 만큼 돈을 준다고 해도 말이에요."

"당연하지. 그렇게 많이 줘야 도리지."

이 때 리어는 내가 듣고 있는 것을 알아차리고는 장사하는 여자를 팔꿈치로 툭툭 쳤다. 그래서 더 이상 들을 수가 없었다.

나는 그들의 이야기가 뭔가 이상하다고 생각했다. 내가 알지 못하는 비밀이 있는 것 같았다.

목요일, 로체스터 씨가 오는 날이었다. 집 안 구석구석이 반짝반짝 윤이 났다. 새로 산 화초를 꽂은 화병도 놓았다. 페어팩스 부인은 그녀가 가장 아끼고 좋아하는 검은색 비단 드레스를 입고 장갑을 끼고 금시계까지 찼다. 손님을 접대하려고 몸치장을 한 것이었다.

나는 아델에게 옷을 입혀 주었다. 아델이 기분 좋아하도록 레이스가 많이 달린 옷을 입혔다. 나는 손님을 맞을 일이 없을 것 같아 옷을 갈아입지 않았고 공부방에 앉아 있었다. 아름다운 봄날이었다.

잠시 후 마차 소리가 들려와 창 밖을 조심스럽게 내다보았다. 몇 대의 마차가 들어왔다. 로체스터 씨가 보였다. 그런데 그 옆에는 한 여자가 있었다. 보라색 승마복을 입은 여자였다.

"잉그램 아가씨!"

페어팩스 부인이 소리 지르는 것이 들렸다. 그리고 페어팩스는 아래층으로 내려갔다.

아델은 자기도 내려가겠다고 졸랐다. 하지만 나는 아델에게 숙녀는 부를 때까지 기다리는 것이라고 타일렀다. 그리고 허락 없이 그냥 내려가면 로체스터 씨가 야단을 칠 것이라고 말했다. 아델은 내 말에 눈물을 흘렸다.

시간이 지나면서 아래층에서 즐겁게 웃고 떠드는 소리가 들려왔다. 아델은 그 소리가 궁금한지 아무것도 하지 않고 아래층에서 나는 소리에 귀를 쫑긋 세우고 있었다.

나는 아델이 배가 고플 것 같아 아래층으로 내려갔다. 사람들과 만나지 않으려고 조심스럽게 부엌으로 갔다. 부엌은 손님들을 위한 음식을 만드느라 난리였다. 음식 냄새가 고소했다. 나는 부엌에서 아델이 먹을 닭고기와 과일 파이 그리고 빵을 접시에 담아 살짝 빠져 나왔다.

그런데 손님으로 온 숙녀들이 공부방 쪽에 서 있었다. 나는 음식을 들고 그녀들과 부딪히는 것을 피하기 위해 그녀들이 나갈 때까지 꼼짝 않고 서 있었다. 그녀들은 예쁘고 고운 드레스를 입고 있었다. 목소리도 나직하고 아름다웠다. 그녀들이 사라지고 나서 나는 공부방으로 들어갔다. 아델도 그 숙녀들을 보고 있었는지 내게 이렇게 말했다.

"선생님, 정말 예쁘죠? 나도 저 사람들과 같이 있고 싶어요. 로체스터 아저씨가 우리를 불렀으면 좋겠어요."

"아델, 로체스터 씨는 무척 바쁘시단다. 우리를 부르러 올 틈이 없을 거야. 괜히 마음 상하지 말고 밥이나 먹자!"

아델은 몹시 배가 고팠는지 가지고 온 음식을 정신 없이 먹었다. 음식을 다 먹고 나서 나는 아델이 아래층에 마음을 빼앗기지 않도록 재미있는 동화를 들려주었다. 그리고 아이의 기분을 풀어 주려고 복도로 데리고 나왔다.

우리는 아래층에서 나는 피아노 소리를 들었다. 시계는 11시를 알리고 있었다. 어느 새 아델은 내 어깨에 몸을 기대고 잠들어 있었다. 나는 아델을 침대에 눕히고 나도 잠자리에 들었다. 이렇게 해서 로체스터 씨가 온 첫날이 지나갔다.

다음 날 손님들은 소온필드 근처로 소풍을 갔다. 나는 그들이 돌아오는 것을 창문으로 보았다. 나는 나도 모르게 로체스터 씨를 찾았다. 그는 잉그램 양과 나란히 있었다. 나는 이 모습을 보고 페어팩스 부인에

게 물었다.

"로체스터 씨가 저 여자분을 좋아하시나 봐요."

"그러게요."

"어떤 여자일까요?"

"아마 오늘 저녁엔 그 여자를 만날 수 있을 거예요. 주인님께서 아델과 선생님을 저녁에 내려오라고 하셨거든요."

"저는 내려가고 싶지 않아요. 그런데 부인도 내려가시나요?"

"아뇨. 저는 주인 어른께 말씀 드렸어요. 내려가지 않겠다고요."

저녁 시간이 점점 가까워지자 나는 가슴이 뛰었다. 진정시키기가 어려웠다. 아델은 아래층으로 내려오라는 말을 듣고 기뻐서 어쩔 줄 몰라했다. 아델은 내가 준비를 마치기를 기다렸다.

나는 템플 선생님의 결혼식 때 입은 은회색 옷을 입고 진주 브로치를 달았다. 그리고 아델과 함께 아래층으로 내려갔다. 아델은 사람들에게 정중하게 인사했다.

"여러분, 안녕하세요?"

잉그램 양은 아델을 보자 얼굴을 찡그렸다. 어떤 귀부인은 그녀가 누구인지 알고 있었는지 이렇게 말했다.

"이 아이가 로체스터 씨가 입양한 프랑스 아이군요."

다른 귀부인들은 아델을 보고 이렇게 말했다.

"어머! 정말 예쁘게 생겼네."

그러고는 아델을 불러 자기들 곁에 두고 이것 저것 묻기도 하고 아델의 대답에 웃기도 했다. 나는 조용히 창쪽에 앉아서 뜨개질을 했다. 그러면서 로체스터 씨가 어디에 있나 찾고 있었다. 그는 난로 옆에 혼자 외롭게 앉아 있었다. 잉그램 양도 혼자서 테이블 앞에 서서 앨범을 보고 있었다.

그녀의 표정은 누군가 와서 자기에게 말을 걸어 주기를 기다리는 것 같았다. 그러다가 스스로 이야기 상대자를 찾았다. 바로 로체스터 씨였다.

"로체스터 씨, 내가 알기로 당신은 아이들을 별로 좋아하지 않는 걸로 아는데요……."

"네, 맞습니다."

"그런데 왜 저런 아이를……. 어디서 데리고 오셨나요?"

"데리고 온 게 아니라 누가 나에게 버리고 갔답니다."

"아, 그래요? 그러면 학교에라도 보내시지요."

"그럴 돈이 어디 있나요? 학교는 돈이 많이 들잖아요."

"그런 농담이 어디 있어요? 그 아이를 위해 가정교사까지 두신 것 같은데……. 학교를 보내는 게 돈이 적게 들지요. 아까 아이와 함께 있는 여자를 보았는데……. 어디 갔나?"

잉그램 양은 두리번거리면서 나를 찾았다. 나는 얼른 커튼 쪽으로 고개를 돌렸다.

"아이를 학교에 보내는 것에 대해 생각해 본 적이 없습니다."

"제가 어렸을 때 우리 집에는 가정교사가 열두 명도 넘었어요. 그러나 별로 도움이 못 되었어요. 성가실 뿐이었죠. 맞지요? 어머니."

그러자 그녀의 어머니는 이렇게 말했다.

"가정교사 이야기는 하지도 마라. 가정교사란 말만 들어도 짜증이 난다. 가정교사들은 대체로 변덕스럽고 능력도 없어. 이제 가정교사들을 상대하지 않으니까 너무 편해."

"그 정도였어요? 어머니."

그러더니 잉그램 양의 어머니는 음성을 낮추어 말했으나, 내가 들을 수 있을 정도의 소리로 소곤거렸다.

"이 집에도 가정교사가 있는 것 같은데……. 내가 사람을 좀 볼 줄 아는데 아까 본 그 여자는 가정교사의 나쁜 점을 모두 갖고 있는 것 같았어요."

"어떤 점을 가졌다는 건가요?"

로체스터 씨가 물었다.

"나중에 말씀 드릴게요."

"난 호기심이 강해서 나중에 들을 수가 없는데……. 지금 듣고 싶은데요."

"그렇다면 우리 딸아이에게 물어 보세요."

"어머니도 참. 그런 이야기를 왜 나보고 하라는 거예요. 내가 가정교사에 대해 말할 수 있는 건 귀찮고 성가신 사람들이란 것뿐이에요."

잠시 후 그녀는 피아노 앞에 앉아 연주를 했다.

나는 그 때가 파티 장소를 빠져 나갈 수 있는 적절한 시간이라고 생각했다. 그런데 그 때 로체스터 씨가 노래를 부르기 시작했다. 언젠가 나는 페어팩스 부인에게 로체스터 씨가 노래를 잘 한다는 소리를 들은 적이 있었다. 그 말이 맞았다. 나는 로체스터 씨의 노랫소리에 움직일 수가 없었다.

나는 로체스터 씨의 노래가 끝나자 방을 나왔다. 발을 옮기는데 걸음이 잘 걸어지지 않았다. 샌들의 끈이 풀어져 있었다. 나는 샌들 끈을 고쳐 매려고 허리를 굽혔다.

그 때 파티장 문이 덜컥 열렸다. 로체스터 씨였다.

"잘 있었소, 제인 에어 선생."

"네, 덕분에 잘 있었습니다."

"왜 파티장에서 나에게 오지 않았소?"

"바쁘신 것 같아서요."

"그 동안 어떻게 지냈소?"

"뭐 그냥……. 늘 하던 일이죠. 아델을 가르치는 일……."

"혹시 그 날 물을 끼얹느라 감기 걸리진 않았소?"

"어떤 날이요? 아, 그 날이요. 안 걸렸는데요."

"파티장으로 돌아갑시다. 도망가기엔 시간이 너무 이르지 않소?"

"그냥 좀 몸이 피곤해서 쉬는 것이 좋겠어요."

그는 내 말에 걱정스런 표정을 지으며 내 얼굴을 자세히 들여다보았다. 나는 그의 시선이 부담스러웠다.

"그러고 보니 기운이 없어 보이는군. 무슨 일이라도 있소?"

"아뇨. 아무렇지도 않아요."

"아니오. 당신은 우울해 보여요. 피곤하다니 오늘 밤은 그냥 올라가 푹 쉬어요. 하지만 내일부터는 손님이 갈 때까지 매일 저녁 얼굴을 보여 줘요. 알겠소? 그럼 올라가 주무시오. 나의……."

그는 말을 끝까지 하지 않고 거기서 말을 그치고는 얼른 파티장으로 돌아갔다.

나는 그가 다 하지 않은 말이 무엇일까를 생각했다.

'나의…….'

18

소온필드의 생활은 즐거웠다. 아침부터 밤까지 활기찬 생활이었다. 슬픈 생각이 들어올 틈이 없었다. 며칠 동안 비가 왔지만 그것이 손님들의 즐거움을 빼앗지는 못했다. 비가 오는 날에는 밖으로 나갈 수 없었으므로 집 안에서 오락을 하며 시간을 보냈다.

하루는 좀 특별한 놀이를 하자는 제안이 나왔다. '셔라드 놀이'라고 했다. 나는 그 놀이를 처음 알았다. 그것은 무언극으로 무언가를 나타내고, 그것이 무엇인지 맞추는 놀이였다. 로체스터 씨와 잉그램 양의 결혼식 연극도 있었다. 놀이가 끝나자 잉그램 양은 로체스터 씨의 연기력을 칭찬했다.

로체스터 씨의 연기가 끝나자 나는 더 이상 무대에 관심이 없어졌다. 무대 앞에 있는 관중석에 마음이 더 쏠렸다. 바로 로체스터 씨 때문이었다. 내 눈은 로체스터 씨를 찾았다. 그리고 그것을 억제할 수가 없었다. 나는 그를 사랑하게 된 것이다.

로체스터 씨가 나를 챙기지 않는다고 해서, 나를 쳐다보지 않는다고 해서 그를 사랑하지 않는다는 것은 불가능한 일이 되었다. 혹시 로체스터 씨가 잉그램 양과 결혼한다고 해도 나는 그 사랑을 포기할 수 없을 것 같았다. 절망에 빠질 수는 있어도 사랑을 잃어버릴 것 같지는 않았다.

나는 잉그램 양에게 질투를 느끼지 않았다. 그녀는 내가 질투심을 일으킬 만한 여자가 아니었다. 질투심을 일으키기엔 부족한 것이 너무 많은 여자였다. 예쁘고 재주가 많았지만 그녀의 내면은 그렇지 않다는 것을 알았기 때문이다. 그녀에게서는 부드럽고 성실한 면을 찾아볼 수 없었다. 잉그램 양은 아델이 자기 가까이 오는 것을 좋아하지 않았다. 혹시라도 아델이 자기 곁으로 오면 밀어 버렸고 방을 나가라고 큰소리를 쳤다. 아델을 대하는 태도는 늘 쌀쌀맞았다.

잉그램 양의 이런 면을 나말고도 유심히 보는 사람이 있었다. 바로 신랑이 될지도 모르는 로체스터 씨였다. 로체스터 씨가 잉그램 양의 결점을 알고 있다는 것이 나에게는 큰 위안이 되었다.

로체스터 씨가 잉그램 양과 결혼을 하려는 것은 그녀의 배경이 그의 가문과 어울렸기 때문일 것이다. 잉그램 양은 로체스터 씨의 마음을 사로잡지 못했다.

사람들은 로체스터 씨가 있을 때면 활기에 넘쳐 있었다. 하지만 그가 잠시라도 자리를 비우면 그 활기는 금방 사라지고 말았다. 그것이 확실해진 것은 로체스터 씨가 어느 날 볼일을 보러 멀리까지 나갔던 날이었다. 그가 외출 중이었을 때 사람들은 모두 의욕이 없어 보였다. 잉그램 양도 그랬다. 모두 지루한 얼굴들이었다. 집 안은 조용했다.

시간이 흘러 저녁 시간이 거의 다 되었다. 창턱에 걸터 앉아 창 밖을 보던 아델이 소리쳤다.

"로체스터 아저씨다!"

그 말에 잉그램 양이 창가로 뛰어갔다. 마차 소리가 났다. 마차가 가까이에 이르자 잉그램 양은,

"로체스터 씨 마차가 아닌데……."

하며 의아해했다. 그러고는 내가 창가에 같이 있다는 것을 알고는 다른 창문으로 옮겨 갔다.

마차가 현관 앞에 섰을 때 거기서 내린 사람은 로체스터 씨가 아니었다. 키가 크고 좋은 체격을 가진 다른 남자였다.

잉그램 양은 로체스터 씨가 아니란 것을 알고는 아델에게 소리쳤다.

"이 거짓말쟁이! 그런 거짓말을 하려고 창턱에 앉아 있었니?"

잉그램 양은 그 말을 나도 들으라는 식이었다. 마치 그렇게 거짓말쟁이로 가르친 것이 가정교사라는 투였다.

낯선 신사가 집 안으로 들어와서 말했다.

"죄송합니다. 주인이 없는 때에 온 것 같군요. 여기 주인인 로체스터 씨는 제 친구입니다. 그런데 없는 모양이군요. 그를 만나러 멀리서 오는 길인데 그가 돌아올 때까지 기다리면 안 될까요?"

그 남자는 공손하게 말을 했지만 어쩐지 좋은 느낌을 주는 사람은 아

니었다. 내가 다시 그를 본 것은 저녁 식사가 끝나고서였다.

그 때 본 그 남자의 인상은 처음 보았을 때보다 더 싫었다. 얼굴은 잘 생겼지만 어쩐지 결단력이 부족해 보였고 위엄도 없어 보였다. 그는 로체스터 씨의 친구였지만 아마도 그들의 사이가 좋지 않은 것 같았다.

나는 그가 집안 사람들과 이야기하는 것을 통해 그가 어떤 사람이라는 것을 대충 알게 되었다. 그의 이름은 메이슨이었다. 영국에 온 지 얼마 되지 않았고 열대 지방에 있는 나라에서 왔다. 아마도 서인도 제도에서 온 것 같았다. 그리고 로체스터 씨와는 그 곳에서 처음 알게 되었다고 했다.

나는 페어팩스 부인에게서 들어 로체스터 씨가 여행을 많이 다녔다는 것은 알고 있었지만, 유럽이 아닌 그렇게 먼 곳까지 갔다는 사실에 새삼 놀라웠다.

그 때 지방 장관인 덴트 대령이 큰 소리로 말했다.

"여러분, 오늘 밤에 집시들이 노는 것을 구경가자고 했는데, 여기 하인인 샘의 말을 들어 보니 오늘 집시 할멈 하나가 여기 와 있다고 합니다. 여기서 여러분의 점을 쳐 주고 싶다고 고집을 부린답니다. 어때요, 그 할멈을 만나 보시겠습니까?"

"그런 사람은 당장 쫓아 내요!"

잉그램 양의 어머니가 말했다.

"저도 그렇게 해 보려고 했지만 소용이 없었습니다. 쫓아 낼 방법이 없습니다."

"어떻게 생겼는데요?"

손님으로 와 있는 이시튼 자매가 물었다.

"아주 못생겼어요. 얼굴은 질그릇처럼 아주 새까맣고요."

"진짜 무당이군 그래. 자, 그러면 이리로 한 번 불러 보자고요."

누군가 그렇게 말을 하자, 그 때까지 피아노 앞에 거만하게 앉아 있던 잉그램 양이 앉으며 말했다.

"난 내 운명을 한 번 알고 싶어요. 그러니 한 번 데려와 보세요. 재미있을 것 같지 않아요?"

잠시 후에 샘이 나갔다가 혼자 들어왔다.

"이 방에는 오지 않겠답니다. 할멈은 세상 사람들 앞에 자기가 나타나는 것은 할 짓이 아니라는데요. 자기 운명을 알고 싶은 사람은 한 사람씩 오라고 합니다. 물론 우선 점을 칠 방을 정해 줘야겠지요."

사람들은 할멈에게 로체스터 씨의 서재를 내어 주었다. 그리고 한 사람씩 들어가서 점을 보기로 했다.

먼저 덴트 대령이 보기로 했다. 그랬더니 할멈은 남자의 점은 안 친다고 했다. 그러면서 여자 중에서 아직 결혼을 안한 사람만 점을 보겠다고 했다.

그러자 잉그램 양이 자기가 들어가겠다고 했다.

잉그램 양이 들어가 있는 몇 분이 몹시 지루하게 느껴졌다. 잉그램 양은 15분 정도 그 방에 있었고, 그녀가 나오자마자 사람들은 일제히 그녀에게 물었다.

"뭐래요?"

"여러분, 너무 수선떨지 마세요. 그 뜨내기 할멈은 무당들의 케케묵은 수법으로 손금을 봤어요. 그리고 보통의 점쟁이들이 하듯이 말하더군요. 사람들의 호기심을 그냥 만족시킬 뿐이에요. 재미로 보는 거죠, 뭐."

그러더니 잉그램 양은 의자에 앉았다. 나는 그녀를 살폈다. 30분 동안 그녀는 책을 펴고 있었지만 한 페이지도 넘기지 않았다. 침울한 얼굴이었다. 그녀는 점을 보고 와서 아무렇지도 않은 듯 이야기를 했지만 점쟁이가 한 말이 걸리는 게 분명했다.

잉그램 양이 나오고 나서 결혼을 하지 않은 여자들이 차례로 들어갔다 왔다. 세 명이 함께 들어와도 좋다는 허락이 있자 메어리, 애미, 루이저가 함께 들어갔다 오더니 한결같이 똑같은 말을 했다.

"어떻게 우리를 그렇게 속속들이 알고 있을까……."

"그러게 말야."

이 말에 사람들은 귀가 솔깃해져 이것 저것 점쟁이가 한 말을 물어보았다. 그 때 하인인 샘이 나에게 와서 살짝 말했다.

"저어, 그 할멈이 아직 시집 안 간 여자가 한 사람 있는데 안 들어왔다고 합니다. 모두 점을 치지 않으면 돌아가지 않겠다고 합니다. 제 생각에는 제인 아가씨를 말하는 것 같은데……. 그 집시 할멈에게 뭐라고 말할까요?"

"가지요."

나는 사람들이 정신 없이 점 본 이야기를 하고 있을 때 조용히 서재로 들어갔다.

19

내가 방으로 들어갔을 때, 집시 할멈은 안락 의자에 앉아 있었다. 내가 가까이 가자 이렇게 말했다.

"점을 보고 싶다고?"

집시 할멈은 거친 목소리로 내게 물었다.

"할머니 좋으실 대로 점을 쳐 보세요. 하지만 나는 점 같은 건 믿지 않아요."

"당신다운 말이군. 나는 당신의 발자국 소리를 듣고 그렇게 말할 줄 알았어.”

“그래요? 할머니 귀는 굉장히 예민하군요.”

“그뿐인가? 눈치도 빠르고 머리 회전도 빠르지.”

“할머니가 돈을 버는 데 꼭 필요한 재능이지요.”

“그렇지. 그런데 왜 당신은 떨지 않지?”

“춥지 않은데요.”

“아니, 당신은 추워. 그리고 병들었고, 이 바보야.”

“그걸 증명해 보세요.”

“당신이 추운 것은 외롭기 때문이야. 당신은 행복해질 요소를 다 갖추고 있어. 하지만 그걸 합치는 데는 힘이 부족하지. 신이 행복의 요소들을 모두 흩어 놓은 것을 한데 긁어모아 보라고. 굉장한 행복이 올 테니 말이야.”

“전 수수께끼는 잘 몰라요.”

“어디 손금을 볼까? 손을 펴서 손바닥을 보여 봐!”

집시 할멈은 내 손바닥을 오래오래 뚫어지게 보았다.

“난 이런 손금은 도저히 풀지 못하겠군. 너무 복잡해. 당신 손바닥에는 운명이 나타나 있지 않아.”

이번에는 나에게 꿇어앉으라고 했다. 나는 할멈의 말대로 그렇게 했고, 할멈은 물끄러미 나를 바라보며 중얼거리기 시작했다.

한동안 알 수 없는 주문을 외우는 것 같더니 이렇게 말했다.

“돌아가시오, 제인 에어 선생. 이제 연극은 끝났도다!”

이게 무슨 일인가? 그 집시 할멈은 내 이름을 알고 있었다. 거기다가 그 집시 할멈의 목소리는 방금 전의 목소리가 아니었다. 그의 목소리와 동작은 나에게 익숙한 것이었다. 나는 일어났다. 하지만 나가지 않았다.

나는 벽난로에서 타오르는 불꽃으로 할멈의 얼굴을 살펴보았다. 할멈

은 모자를 꾹 눌러 쓰고 끈을 다시 매면서 나가라는 손짓을 했다. 그녀의 손을 보았다. 그 손은 할멈의 손이 아니었다. 젊은 사람의 손이었다.

그 손의 새끼손가락에는 보석이 번쩍거렸다. 그것은 내가 본 적이 있는 보석이었다.

나는 다시 할멈의 얼굴을 보았다. 이제 할멈은 자기를 감추려고도 하지 않았다. 오히려 쓰고 있던 모자를 벗어 얼굴을 내게 보여 주었다.

맙소사! 로체스터 씨였다.

"어째서 이런 장난을 하세요?"

"어때요? 감쪽같지요?"

"다른 사람들한테는 감쪽같았지요."

"그러면 제인 당신에게는 감쪽같지 않단 말이오?"

"제게는 집시 역할을 하지 않았어요. 그건 집시가 아니었어요."

"그렇다면 무엇이었소?"

"음……. 저를 꾀어 내려고 하셨죠."

"하하하!"

"그럼, 이제 가 볼게요."

"잠깐만요. 사람들은 지금 무엇을 하고 있지요?"

"아마 집시 할멈 이야기를 하고 있겠죠. 벌써 11시가 넘은 것 같은데……. 참! 로체스터 씨, 친구분이 오셨는데……."

"손님이라고? 도대체 누구지? 여기까지 날 찾아올 손님이 없는데……. 그 사람은 돌아갔소?"

"아뇨. 그 사람은 주인님과 옛날부터 잘 아는 사이라며 돌아오실 때까지 이 집에 묵게 해 달라고 하던데요."

"그래요? 이름이 뭐랍니까?"

"메이슨이라고 했어요. 서인도 제도에서 왔다고 하는 것 같던데요."

"뭐라고? 메이슨, 서인도 제도!"

로체스터 씨는 부르르 몸을 떨었다. 로체스터 씨의 얼굴은 점점 창백해졌다.

"어디 몸이 불편하신가요?"

그의 몸이 비틀거렸다. 나는 얼른 그에게 나의 어깨를 빌려 주었다. 그러고는 그를 의자에 앉혔다. 그는 근심 어린 눈빛으로 나를 보았다. 나는 그의 그런 근심스런 눈빛을 처음 보았다.

"제인, 당신과 단둘이 조용한 섬에 들어가 살고 싶군요."

"제가 도울 수 있을까요? 선생님을 위해서라면 뭐든 할 수 있어요."

"제인, 언젠가 당신의 도움이 필요하면 당신의 힘을 빌리지요."

"고맙습니다. 그런데 제가 지금 도울 일은 없나요?"

"식당에서 포도주 한 잔을 가져다 주시오. 그리고 메이슨이 친구들과 무엇을 하는지 알려 주시오."

나는 식당으로 갔다. 모두들 저녁을 먹고 있었다. 기분 좋은 얼굴로 시끄럽게 떠들고 있었다.

메이슨 씨는 덴트 대령과 이야기를 하고 있었다. 나는 포도주를 가지고 방으로 돌아왔다. 로체스터 씨의 얼굴은 아까 그 창백한 얼굴이 아니었다. 예전처럼 엄격하고 딱딱한 표정으로 돌아가 있었다.

그는 술잔을 가져가더니 이렇게 말했다.

"당신과 나의 건강을 위해! 그리고 나를 도와주는 요정을 위해!"

그리고는 혼자 포도주를 마시고는 그 잔을 돌려주었다.

"제인 선생, 사람들이 무엇을 하고 있소?"

"웃기도 하고 얘기도 하고……."

"메이슨은?"

"덴트 대령과 이야기하고 있어요."

"그래요? 그렇다면 메이슨 씨에게 내가 방금 돌아왔다고 말해 줘요. 그리고 만나고 싶다고 전해 주시오. 물론 아무도 모르게 살짝 말해 주시오."

나는 아래층으로 내려와 메이슨 씨에게 로체스터 씨의 말을 전했다. 그리고 로체스터 씨에게 안내했다.

내 방으로 올라온 지 시간이 꽤 많이 지났을 때 사람들이 응접실에서 나와 헤어지는 소리가 났다. 그리고 로체스터 씨의 소리도 났다.

"메이슨, 여기가 자네 방이야."

나는 쾌활하게 말하는 로체스터 씨의 목소리에 안심하고 잠자리에 들었다.

20

한밤중에 나는 달빛에 눈이 부셔서 잠을 깼다. 전날 밤에 커튼을 치고 자는 것을 잊었던 것이다. 나는 달을 쳐다보았다. 무척 아름다웠다.

나는 다시 잠을 청하려고 몸을 일으켜 커튼을 치려고 했다. 그 때였다. 갑자기 한밤중의 고요를 깨는 날카로운 비명 소리가 울렸다.

"사람 살려! 사람 살려!"

"로체스터! 제발 나를 도와줘."

그 소리에 어떤 침실 문이 열리는 소리가 들렸다. 나는 무서웠지만 아무 옷이나 걸치고 밖으로 나왔다. 나말고도 소리에 놀란 사람들이 모두 복도로 뛰어나와 있었다.

"로체스터는 어디에 있소?"

덴트 대령이 물었다.

"나는 여기 있소."

로체스터 씨가 자기 방문을 열고 촛불을 들고 나왔다. 그 모습을 보고 잉그램 양이 그에게 달려가 그의 팔을 붙들었다.

"하인 여자 하나가 몽유병이 있소, 그것뿐이오. 어서 자기 방으로 돌아가시오."

로체스터 씨의 목소리는 무서웠다.

로체스터 씨의 말에 사람들은 모두 자기 방으로 돌아갔다. 나는 내 방으로 돌아왔지만 잠은 자지 않았다. 나는 옷을 주워 입었다.

나는 분명히 그 소리가 윗방에서 난 소리였다는 것을 알 수 있었다. 그리고 한밤중 집안 사람들을 불안에 떨게 한 목소리가 하녀의 목소리가 아니라는 것도 알았다. 로체스터 씨의 말은 손님을 안심시키기 위해

한 말이었다.

나는 무언가 석연치 않은 구석이 있다고 생각하고 옷을 입고 밖으로 나왔다. 그리고 무슨 일이 또 일어날지도 모른다고 생각하며 뜰에 앉아 있었다. 하지만 얼마 전까지의 쿵쾅거리며 싸우던 소리, 날카로운 비명소리는 더 이상 들리지 않았다. 어떤 일도 일어나지 않았다.

시간이 많이 흐르고서야 나는 방으로 돌아가야겠다고 생각했다. 그리고 조심조심 현관문을 열고 거실 바닥을 걸었다. 그리고 방으로 들어왔다. 그 때 누군가 조용히 문을 두드렸다.

"누구세요?"

"아직 잠을 안 자고 있소?"

로체스터 씨였다.

"잠깐 나와 보시오. 소리내지 말고 조용히 나오시오!"

나는 소리 없이 방문을 열었다.

"당신 방에 솜이 있소?"

"네, 있어요."

"각성제는 있소?"

"네, 있어요."

"그럼 두 가지를 가져오시오."

나는 내 방에서 솜과 각성제를 찾아 로체스터 씨가 올라간 3층 방으로 가서 전해 주었다.

그 방 안에는 메이슨 씨가 웃옷을 벗은 채 의자에 앉아 있었다. 메이슨 씨의 팔은 피어 젖어 있었다. 로체스터 씨는 솜을 물에 적셔 메이슨 씨의 얼굴을 닦아 주었다. 그리고 각성제의 뚜껑을 열어 메이슨 씨 코에 갖다 댔다. 메이슨 씨는 신음 소리를 냈다. 로체스터 씨는 나에게 한두 시간 정도 이 남자와 함께 있어 달라고 부탁했다.

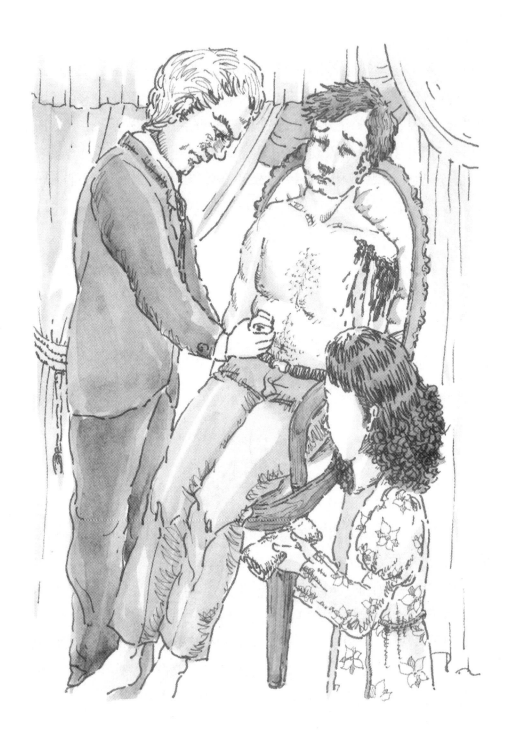

자기는 의사를 부르러 갔다 오겠다고 했다. 그러면서 무슨 일이 있어도 서로 말하지 말라고 했다. 누가 들을지 모른다고 하면서.

로체스터 씨는 방을 나갔고 나와 메이슨 씨는 3층에 있는 작은 방에 갇히게 되었다.

시간은 더디 갔다. 나는 로체스터 씨가 늦게 올까 불안했다. 메이슨 씨를 보살피는 동안 촛불이 다 타고 말았다. 그러나 날이 조금씩 밝아지고 있어 아주 어둡지는 않았다.

그 때 방문을 여는 열쇠 소리가 들렸다. 로체스터 씨였다. 로체스터 씨는 카터라는 의사를 데리고 왔다.

"카터, 어서 빨리 해 주게."

의사는 재빠르게 메이슨을 치료했다.

"어떤가?"

로체스터 씨가 물었다.

"그녀가 나를 죽이려고 했어."

메이슨 씨가 말했다.

"오, 이런! 어깨 살점이 많이 찢어졌군. 여기엔 이빨 자국도 있고."

"그녀가 물어뜯었어. 로체스터가 칼을 빼앗자 나에게 달려들었어."

"내가 미리 경고했잖아, 조심하라고. 이봐, 카터! 빨리빨리 해 보라고. 벌써 해가 뜨려고 하고 있어. 이 친구를 빨리 보내야 한다고."

모든 것이 완료되었을 때 시간은 5시 30분이었다. 해가 막 솟아오르려고 했다. 우리는 메이슨 씨를 뜰 밖으로 부축해서 데리고 나갔다. 그리고 마차에 태웠다. 로체스터 씨는 의사에게 메이슨을 잘 돌봐 주라고 당부했다. 카터와 메이슨 씨가 떠나자 나는 내 방으로 돌아가려고 했다. 그 때 로체스터 씨가 나를 불렀다.

"제인, 잠깐만이라도 신선한 아침 공기를 마시는 게 어떻소?"

그러고는 소온필드 저택을 바라보며 말했다.

"이 집은 꼭 동굴 같아. 그렇게 생각하지 않소?"

"저는 무척 훌륭한 집으로 보이는데요."

로체스터 씨는 나뭇잎이 무성한 숲 속으로 앞서 걸어갔다. 나는 로체스터 씨를 따랐다.

"이상한 밤이었지요?"

"네."

"내가 메이슨과 당신을 남겨 두고 갔을 때 두렵지 않았소?"

"무서웠어요. 구석진 방에서 누군가가 나올 것 같았어요."

"그래서 문을 잠가 두었잖소. 나는 순한 양을 늑대의 소굴에 남겨 놓고 가는 목동은 아니오."

"앞으로도 그레이스를 여기에 살게 할 건가요?"

"그런 것에 신경 쓰지 말아요. 내가 다 알아서 할 테니까."

"하지만 그레이스가 있으면 선생님의 목숨이 위태로워요."

"걱정하지 마오. 내 몸은 내가 알아서 하니까."

로체스터 씨는 통나무 의자에 걸터앉더니 나에게 앉으라고 했다. 내가 의자에 앉았을 때 로체스터 씨는 이야기를 시작했다.

"제인, 당신 자신을 지금까지 멋대로 자란 남자라고 한번 생각해 보시오. 먼 외국 땅에 가서 큰 실수를 저질렀다고 말이오. 그 실수가 당신의 생애를 일평생 따라다닌다고 생각해 보시오. 그리고 그 실수가 당신에게 도저히 견딜 수 없는 것이라면 그것에서 벗어나려고 이곳저곳 떠돌아다니지. 유랑 속에서 안식을 구하고 허랑방탕한 생활 속에서 행복을 찾으려고 말이오. 그러다가 고향에 돌아오게 되었소. 이제 당신은 새 친구가 생기고 깨끗한 감정을 가진 청년이 되었다고 생각하게 되오. 그리고 과거를 모두 벗고 새로운 생활을 하고 싶어하지.

하지만 그 생활을 위해서는 관습이라는 장애를 뛰어넘을 수 있어야 하는데, 당신은 그것을 극복할 수 있겠소?"

나는 그 말에 대답을 할 수가 없었다. 로체스터 씨는 다시 물었다.

"방황을 접고 안식을 구하려고 뉘우치고 있는 청년, 세상 사람들의 비판을 무시하고 다정한 새 사람을 영원히 자기 곁에 두려고 하는 마음을……."

"그런 소원이라면 사람들에게 묻기보다는 하느님께 물어 보세요. 회개하고 자기를 고쳐 나갈 힘, 괴로움을 이길 힘은 사람이 아닌 하느님이 주시니까요."

"제인 선생, 당신은 내가 잉그램 양과 특별한 사이인 줄 알고 있겠지. 만일 내가 그 사람과 결혼한다면 그녀가 나를 새로운 사람으로 만들어 줄 수 있다고 생각하오? 나는 아니라고 생각하는데……."

그는 나에게 묻고는 대답할 틈도 주지 않고 통나무 의자에서 벌떡 일어나 길 저편까지 건너갔다가 다시 되돌아왔다. 그리고 다시 나에게 물었다.

"제인 선생, 언제 또 나와 함께 밤샘을 해 줄 수 있겠소? 당신이라면 무엇이든 내 이야기를 할 수 있을 거 같은데 말이오."

"네, 그러지요."

"오, 저런! 사람들이 있군요. 당신은 저쪽 문으로 집 안에 들어가시구려."

나는 그와 반대 방향으로 해서 집 안으로 들어왔다. 그 사람은 언제 집 안으로 돌아왔는지 나보다 먼저 와 있었다. 그러고는 사람들에게 명랑하게 말했다.

"메이슨 씨가 오늘 새벽에 떠났습니다. 그 바람에 나는 새벽 네 시에 일어나야 했답니다. 너무 빨리 일어났더니 몸이 좀 피곤하군요."

21

큰 소란이 있은 다음 날 오후, 누가 나를 기다린다는 전갈을 받았다. 나를 기다릴 만한 사람이 누구일까 하며 내려갔더니, 검은 상복을 입은 남자가 나를 기다리고 있었다.

그 남자는 나를 보더니 이렇게 말했다.

"저를 기억하시겠어요? 아가씨께서 게이츠헤드에 계실 때 마부였던 로버트 레븐입니다."

"아, 레븐! 알아요. 베시랑 결혼했다고 들었어요. 그런데 베시는 잘 있나요?"

"네, 잘 있습니다. 그런데 존 도련님이 돌아가셨어요. 런던의 하숙집에서요. 벌써 어제로 돌아가신 지 일주일이 되었습니다."

"존이 죽었다고요?"

"네. 리드 마님은 도련님이 돌아가셨다는 소식을 듣고 기절하셨습니다. 어제 아침에 마님께서 제인 아가씨를 모시고 오라고 하셨어요. 그래서 제가 왔습니다. 아가씨께서 준비만 되시면 지금이라도 당장 함께 가셨으면 합니다."

"알았어요. 빨리 준비하도록 하지요."

나는 로체스터 씨를 찾았다. 하지만 로체스터 씨는 보이지 않았다. 페어팩스 부인에게 물었더니 잉그램 양과 당구장에 있을 거라고 했다. 나는 당구장으로 달려갔다.

로체스터 씨에게 다가가자 잉그램 양은 기분 나쁜 표정으로 나를 쳐다보았다.

로체스터 씨는 나에게 무슨 일이냐고 물었다.

"일주일에서 2주일 동안 휴가를 주셨으면 합니다."

"무슨 일이 있소?"

"외숙모 댁에 가 봐야 할 일이 생겼어요. 사촌이 죽었습니다."

로체스터 씨는 허락을 했고, 나는 다음 날 아침 레븐을 따라 소온필드에서 나왔다. 로체스터 씨가 아직 일어나지 않았기에 인사도 하지 못하고 떠났다.

나는 게이츠헤드에 다시 오게 되었다. 열 살 때 떠났던 곳을 열여덟 살이 되어 다시 밟은 것이다.

나는 리드 외숙모 집에 가기 전에 베시가 사는 집에 들렀다. 아담했지만 베시의 살림 솜씨를 알 수 있을 만큼 깔끔하게 정돈되어 있었다.

베시는 아기에게 젖을 먹이고 있다가 나를 보고는 반갑게 맞아 주었다. 그녀의 모습을 보니 어렸을 때 게이츠헤드에서 생활했던 기억이 하나하나 떠올랐다. 베시는 어렸을 때 나에게 했던 것처럼 작고 동그란 상에 차와 토스트를 만들어 갖고 왔다.

베시는 내가 가정교사로 있는 곳이 좋은지 사람들은 어떤지 주인은 어떤 사람인지 알고 싶어했다.

집 주인이 남자라고 하자 그가 마음에 드는지도 물어 보았다. 그가 잘 생기지는 않았지만 나에게 친절하고 잘 대해 준다고 말해 주었다. 그리고 소온필드에 와 있는 손님들 이야기를 해 주었다.

베시는 상류 사회 사람들의 이야기에 흥미를 보였다.

나는 베시와 한 시간 동안 이야기를 하고 외숙모 댁으로 올라갔다. 그 길은 내가 열 살 때 베시와 함께 걸었던 길이었다. 로드 학원으로 향하던 순간들이 떠올랐다. 버림받아서 이 곳을 떠나야 했던 어린 시절의 나의 모습이 눈에 어렸다.

'다시는 밟지 않으려고 했던 땅이었는데……'

집 안에 들어가서 나는 곧장 식당으로 갔다. 내가 떠났을 때의 가구 그대로였다. 식당에 들어가자 이제는 멋진 숙녀가 된 엘리자와 조지아나가 있었다. 조지아나는 오랜만이라고 인사했지만 그 목소리는 쌀쌀했다. 그녀의 눈초리도 차가웠다.

나는 외숙모의 안부를 물었다.

"엄만 아주 약해지셨어. 오늘 밤 뵐 수 있을까 모르겠네……."

엘리자가 대답했다.

"그냥 잠깐 올라가서, 내가 왔다는 것만 알려 드렸으면 하는데……."

"엄만 지금 아프다니까!"

"외숙모가 나를 보고 싶다고 해서 온 거니까, 내가 왔다고 말씀 드려 줘."

나는 태연스럽게 모자와 장갑을 벗었다. 세월이 지나는 동안 나도 이렇게 변한 것이다. 어렸을 때의 나는 엘리자와 조지아나가 나에게 거만하게 굴면 그저 움츠러들었다. 하지만 이제 나는 그녀들과 대등하게 말할 수 있게 되었다. 이런 일이 1년 전쯤에 있었다면, 아마도 나는 거만하게 나오는 그녀들을 보고 당장 이 집을 나왔을 것이다.

나는 이 집 딸들의 거만한 태도를 무시했다. 그리고 가정부에게 내가 이 집에서 2주일 정도 머물 것이니 내 방을 마련해 달라고 말했다.

그리고는 리드 외숙모의 방으로 올라갔다. 리드 외숙모는 누워 있었다. 오래 전 나는 외숙모에 대한 분노와 증오를 갖고 이 곳을 떠났었다. 그런데 이렇게 다시 돌아와 그녀를 바라보고 있는 것이다. 나는 그녀의 야윈 얼굴을 보자, 그녀가 나에게 했던 모든 일들을 잊어버리고 화해하고 싶었다. 나는 외숙모의 뺨에 키스를 했다. 그 키스에 리드 외숙모는 눈을 떴다.

"아니, 제인 아니니? 꼭 한 번 보고 싶었다."

그러고는 힘든 몸으로 느릿느릿 나에게 많은 이야기를 했다.

어렸을 때 나에게 가혹하게 했던 일, 붉은 방에 가두었던 일, 자기 자식들과 차별했던 일, 그리고 3년 전 내 큰아버지에게서 편지가 왔었는데 내가 죽었다고 거짓 답장을 보냈다는 이야기까지 했다.

'나에게 큰아버지가 있었다니……'

하지만 아픈 외숙모에게 그것에 대해 자세히 묻지는 않았다. 외숙모는 죽음을 앞두고 자기의 잘못을 뉘우치려고 했던 것일까?

외숙모는 그날 밤 숨을 거두었다. 나는 그녀가 숨을 거두는 모습을 보지 못했다. 외숙모의 딸들도 자기의 어머니가 숨을 거두는 것을 보지 못했다.

리드 외숙모의 장례식 때 나는 울지 않았다.

22

일주일에서 2주일만 있겠다고 떠나 온 소온필드였지만, 나는 한 달이 되도록 그 곳에 가지 않았다. 그 동안 페어팩스 부인이 나에게 편지를 한 통 보내 소온필드에 있던 손님들이 모두 떠났다는 소식을 전했다. 그리고 로체스터 씨도 런던으로 가셨다가 어느덧 돌아올 때가 되었다고 전해 주었다. 그러면서 아마도 로체스터 씨가 결혼 준비차 런던에 간 것 같다고 했다.

나는 다시 소온필드에 돌아갈 날을 말해 주지 않았다. 나를 맞으러 밀코트까지 나오게 하는 것이 부담스러웠다. 그냥 조용히 혼자 가고 싶었다.

소온필드를 향해 걸으며 나는 많은 생각을 했다. 분명히 페어팩스 부인과 아델은 내가 온 것을 기뻐하며 진심으로 맞아 줄 것이다. 하지만 내가 진정으로 바라는 것은 그들의 마중이 아니었다. 나는 로체스터 씨를 원하고 있는 것이다.

'로체스터 씨는 내가 돌아온 것에 대해 어떤 반응을 보일까?'

그러다가 그는 결코 내가 오는 것을 기다리지 않았을 거라고 생각했다. 나는 나에게 친절하게 대해 준 것에 대해 만족하기로 했다. 그는 곧 잉그램 양과 결혼할 사람이었다.

그래도 나는 사랑하는 사람과 한 집에서 며칠이라도 더 있겠다는 마음으로 서둘러 소온필드를 향했다. 어쩌면 2, 3주일이 지나면 그와의 만남도 끝이 날지 모른다.

나는 소온필드로 가는 좁은 돌계단에서 로체스터 씨가 뭔가를 쓰고 있는 모습을 보았다.

그 모습을 본 나는 자신도 모르게 탄성을 질렀다.

"아아!"

작은 소리였다. 하지만 로체스터 씨는 그 소리를 들었는지 고개를 들어 내 모습을 보았다.

"그 동안 잘 지냈어요?"

그가 다정하게 물었다.

"제인 선생, 밀코트에서 여기까지 걸어왔소? 미리 연락이라도 했으면 마차를 보냈을 텐데……. 하긴 제인 선생다운 행동이오. 그런데 한 달 동안 그 곳에서 무엇을 하고 지냈소?"

"외숙모가 돌아가셨어요."

로체스터 씨는 나를 가만히 쳐다보며 물었다.

"그래, 그 곳에 있으면서 내가 하나도 보고 싶지 않았소?"

나는 그 말에 기뻤다. 하지만 그가 얼마 후면 남의 남편이 된다는 생각이 들자 마음이 아파 왔다. 하지만 로체스터 씨의 다정한 말이 갖는 힘은 얼마나 큰지 나는 그가 나에 대해 관심을 가져 주는 것만으로도 행복했다. 로체스터 씨의 웃는 표정은 정말 부드러웠다.

"여기까지 걸어오느라 힘들었을 텐데. 어서 가서 지친 다리를 쉬는 게 좋겠소."

내 몸 걱정까지 해 주는 로체스터 씨의 친절에 나는 행복했다. 소온 필드에 돌아온 그날 밤 나는 잠을 이룰 수가 없었다. 그와의 이별을 예상하는 것만으로도 나는 너무도 슬펐다.

2주일이 흘렀다. 로체스터 씨의 결혼에 관한 이야기는 나오지 않았다. 그리고 결혼식 준비도 없는 것 같았다.

그 동안 나는 기운이 없었다. 그와 곧 헤어질 것이라는 생각으로 마음이 자꾸만 가라앉았다. 그런 나에게 로체스터 씨는 너무나 다정했고 친절했다.

'왜 이 사람은 다른 여자와 결혼한다면서 나에게 이렇게 친절한 걸까?'

23

한여름이 되었다. 아델은 반나절 동안 산딸기를 따먹느라고 정신이 없었다. 아델은 너무 피곤했는지 해가 지자마자 제 방에 가 잠이 들어 버렸다. 나는 아델이 잠든 것을 확인하고 정원으로 나왔다.

맑은 여름밤이었다. 나는 정원을 걸었다. 마침 하늘에 떠 있는 찬란한 별빛과 그윽한 달빛으로 정원이 환해서 걷는 것이 힘들지 않았다. 그 때 어느 창문에선가 담배 냄새 같은 것이 났다.

'혹시 로체스터 씨인가?'

냄새가 나는 곳은 로체스트 씨 서재의 창문이었다. 나는 혹시 그 곳에서 로체스터 씨가 내 모습을 볼까 봐 과수원으로 들어갔다. 과수원에서는 과일 익는 향기가 났다.

한동안 나는 과수원에서 과일 향기를 맡았다. 그런데 다시 조금 전의 담배 냄새가 났다.

나는 주변을 둘러보았다. 과수원 근처에 사람 그림자는 없었다. 인기척도 들리지 않았다.

나는 과수원을 벗어나 다른 곳으로 향했다. 나는 거기서 로체스터 씨가 내 쪽으로 걸어오는 것을 보았다. 나는 얼른 담쟁이덩굴 속으로 숨었다. 그러고는 들키지 않으려고 자갈길을 피해 잔디밭으로 들어갔다. 그가 있는 곳을 살짝 지나치고 나서 안도의 숨을 쉬려고 할 때 갑자기 로체스터 씨의 목소리가 들려왔다.

"제인 선생, 이리 와 보시오."

나는 깜짝 놀라 어쩔 줄 몰라하다가 결국 그에게로 다가갔다. 로체스터 씨와 나는 월계수 길을 걸었다. 아무 말도 하지 않고 잠자코 월계수 산책로를 걸었다. 그가 먼저 말을 걸었다.

"이 곳의 여름은 멋지지 않소?"

"네, 아주 멋져요."

"내 생각에 당신도 어느 정도 이 집에 정이 들었을 것 같은데……."

"맞아요, 이 곳에 정이 듬뿍 들었죠."

"여기 있는 사람들과 헤어지면 섭섭하겠지?"

"그렇지요."

"좋은 일은 아니지만 인생이란 그런 게 아니겠소. 어딘가에 정착해서 정이 들 만하면 떠나야 하는 것, 그것이 인생이지……."

"그 말은 꼭 제가 이 곳을 떠나야 한다는 말처럼 들리는군요."

"그렇소. 당신과 헤어지는 건 싫지만 떠나는 게 좋을 것 같소."

"그러지요. 주인이 떠나라면 떠나야겠지요. 언제든지 떠나라고 할 때 떠나지요."

"제인, 나는 오늘 그 명령을 내려야 할 것 같소."

"결혼을 하시는군요."

"맞소. 결혼을 하오. 역시 당신은 똑똑해."

"언제 결혼 하시나요? 곧 하시나요?"

"아마 한 달 안에 할 것이오. 그 동안 당신이 일할 수 있는 곳을 내가 알아보도록 하겠소."

"고맙습니다."

"사실은 장모가 될 분에게 당신의 일자리를 알아봐 놓았다오. 아일랜드에 있는 갈 부인 댁이오. 그 댁에는 딸이 다섯 있는데, 그 집 딸들을 맡게 될 것이오. 아마 그 곳도 소온필드처럼 마음에 들 것이오. 사람들도 아주 좋다고 하오."

"먼 곳이군요. 바다를 건너야 하니……."

나도 모르게 눈물이 나왔다. 하지만 소리를 내서 울지는 않았다.

아아! 이 곳을 떠나면 나는 로체스터 씨와 헤어진다. 그리고 우리 둘 사이에는 바다가 있다. 나와 로체스터 씨를 갈라 놓는 것은 눈에 보이는 파란 바다뿐만이 아니었다. 그보다 더 중요한 것은 신분, 재산, 인습의 바다였다. 로체스터 씨와 나를 가로막는 그 바다로 인해 가슴이 미어졌다.

"제인 선생 생각만 하면 이상한 기분이 드오. 마치 우리의 갈비뼈가 연결되어 있는 듯한……. 그 갈비뼈를 연결하는 끈이 있는 것 같소. 아마 시간이 지나면 당신은 나를 잊겠지요?"

"내가 당신을 잊는다고요? 그럴 리 없어요."

나는 그 다음 말을 할 수가 없었다. 그간에 억눌렸던 감정이 복받쳐 올라왔다.

"나는 소온필드를 사랑해요. 그리고 선생님을 사랑해요. 선생님과 영원히 헤어져야 하다니……. 당신은 내 마음이 얼마나 아픈지 모를 거예요. 흑흑흑!"

"제인, 소온필드에 남아 주겠소?"

"선생님은 제가 소온필드를 떠나야 한다고 말씀하셨잖아요. 결혼한 선생님을 보는 제 감정을 생각해 보셨나요? 제가 이 곳에 남아 있을 수 있다고 생각하세요? 제가 가난하고 예쁘지 않고 집안이 좋지 않다고 해서 감정도 없다고 생각하시는 건 아니겠죠?"

"제인, 흥분하지 마시오. 당신은 지금 절망에 빠진 미친 새 같소."

"미친 새라고요? 아뇨, 저는 자유로운 의지를 지닌 인간이에요. 제 의지로 선생님과 작별하겠어요."

"제인, 당신의 의지가 당신의 인생을 결정하겠군요. 제인, 나는 당신에게 내 마음과 재산을 주고 싶은데……."

"재산을 준다고요? 웃음밖에 나오지 않는군요."

"제인, 나는 당신이 나와 함께 오랫동안 있어 주었으면 좋겠소. 나의 좋은 친구가 되어 주시오. 나와 결혼해 주시오."

그러고는 로체스터 씨는 나를 끌어안았다. 나는 그에게서 벗어나려고 했다. 나는 그의 말을 믿을 수 없었다.

"제인, 내 말을 믿지 못하겠소?"

"믿지 못하겠어요."

"내가 그냥 해 보는 말 같소? 거짓말로 여기는 거요?"

나는 아무 말도 하지 않았다.

"나는 잉그램 양에게 마음이 없소. 그 여자는 나를 좋아하는 것 같소? 아니오. 그녀는 나를 좋아하지 않소. 그녀와 그녀의 어머니는 내가 가진 재산이 생각했던 것만큼 많지 않다는 것을 알고 실망하더군요. 나는 잉그램 양과 결혼하지 않을 것이오. 또 그렇게 할 수도 없소. 왜냐하면 당신이 내 안에 들어와 있기 때문이오. 나는 가난하고 조그맣고 예쁘지 않은 당신을 사랑하오. 당신을 마치 내 몸처럼 사랑한다오. 나를 남편으로 맞아 주시오."

"저와 결혼을 하시겠다고요?"

나는 말도 되지 않는다는 투로 소리쳤다.

"제인, 나와 결혼해 주시오."

"로체스터 씨, 이 말이 진정이세요? 제가 선생님의 아내가 되길 정말 원하시나요? 그것이 진정이라면 선생님과 결혼하겠어요."

그는 몇 번이고 나에게 결혼 허락을 확인했고, 나에게 행복하냐고 물었다. 나는 행복하다고 대답했다.

그런데 그날 밤 갑자기 어두운 구름이 밀려왔다. 그러더니 천둥 소리가 났다. 그리고 번개도 쳤다. 나는 갑작스런 날씨 때문에 로체스터 씨의 등뒤에 숨었다. 비가 퍼부었다.

우리는 급히 정원을 지나 현관으로 뛰어들어갔다. 짧은 시간이었지만 우리 몸은 비에 흠뻑 젖었다. 비에 젖은 내 머리를 그가 닦아 주고 있을 때 페어팩스 부인이 나왔다. 우리는 그녀가 나온 것을 몰랐다.

로체스터 씨가 내게 말했다.

"잘 자요, 내 사랑! 몸이 젖었으니 어서 가서 말리고 자요."

내가 로체스터 씨와 헤어졌을 때, 페어팩스 부인이 심각한 얼굴로 서 있었다. 나는 페어팩스 부인에게 살짝 웃어 주고 내 방으로 달려 올라갔다.

24

아침에 일어나서 나는 어젯밤 일들을 생각했다. 혹시 내가 꿈을 꾸고 있는 것이 아닌가 생각했다. 로체스터 씨를 만나 확인을 해야 그것이 꿈이 아닌 현실이라고 믿을 수 있을 것 같았다.

머리를 빗으며 거울을 보았다. 거울 속의 내 얼굴은 며칠 전까지의 실의에 찬 얼굴이 아니었다. 로체스터 씨와 헤어져야 한다는 슬픔에 젖은 얼굴이 아니었다. 내 얼굴은 희망에 차 있고, 생기가 넘쳐 보였다. 나는 서랍 속에서 여름옷을 꺼내 입었다. 나는 그 날 아침처럼 행복한 적이 없었다.

폭풍우가 내리치던 어젯밤과 전혀 다른 눈부신 6월의 아침, 나는 창문을 열었다. 그 때 페어팩스 부인이 아침을 먹으라고 했다. 내게 아침을 먹으라고 하는 그녀의 표정은 어두웠다. 그녀는 식사를 하면서도 나에게 말 한 마디 하지 않았다. 아주 냉정한 표정이었다.

식사를 마치고 아델을 가르치려고 하는데, 아델은 내 방이 아닌 다른 곳으로 가고 있었다.

"아델, 공부해야지? 어디 가니?"

"로체스터 씨가 아이들 방에 가서 놀래요."

"로체스터 씨는 어디에 계시는데?"

"선생님 방이요."

로체스터 씨는 아델의 말처럼 내 방에 와 있었다. 내가 들어가자 그는 나를 꼭 안으며 키스해 주었다. 나는 그의 사랑에 행복했다.

"제인, 오늘 아침 당신은 정말 예뻐요. 당신의 머리카락, 갈색 눈 모두요. 자그맣고 명랑한 아가씨!"

그리고는 이렇게 말했다.

"당신은 이제 제인 로체스터가 돼요. 한 달만 있으면 말이오."

"내가 제인 에어가 아니라 제인 로체스터가 된다는 게 이상해요. 그런데 왜 잉그램 양과 결혼할 거라 하셨나요?"

"그거야 당신의 사랑을 확인하기 위해서지. 당신의 사랑을 확인하는 가장 확실한 방법은 바로 질투를 이용하는 거였거든."

"하지만 잉그램 양의 입장도 생각하셨어야죠."

"잉그램 양은 교만한 여자요. 콧대를 꺾어 놓아야 되는 여자지."

"하지만 잉그램 양은 당신의 태도 때문에 마음이 상했을 거예요. 당신에게 채였다고 생각할 텐데……."

"아니오. 그녀가 나를 걷어찬 것이오. 내가 생각보다 재산이 없다는 것을 알고 태도가 금방 바뀌었거든."

"로체스터 씨, 당신은 정말 심술꾸러기예요."

"제인, 나에게 원하는 게 없소? 당신의 청이라면 뭐든지 좋소."

"페어팩스 부인에게 우리 이야기를 전해 주세요. 어젯밤에 우리 둘이 있는 것을 보고 무척 놀라는 눈치였어요. 착한 부인에게 오해를 받는 것은 견디기 힘들 거든요."

"좋소. 내가 페어팩스 부인에게 말하리다. 내가 당신과 결혼한다는 사실을."

로체스터 씨는 페어팩스 부인 방으로 갔다. 그리고 잠시 후 그가 방에서 나오는 소리가 들렸다. 나는 로체스터 씨가 나가자 그녀의 방으로 들어갔다. 그녀는 성경을 읽고 있었다.

내가 들어가자 그녀는 뜻하지 않은 이야기에 어안이벙벙한 얼굴로 나를 바라보았다. 그리고 정신을 가다듬어 나에게 축하한다는 말을 했다.

"제인 선생님, 정말 깜짝 놀랐어요. 내가 혹시 꿈을 꾸고 있는 것은 아닌지요? 로체스터 씨가 당신에게 정말로 청혼을 했나요? 그 분은 한 달 후에 제인 선생님이 자기 아내가 된다고 말하더군요."

"예. 맞아요."

"정말이요? 그럼 청혼을 허락하셨나요?"

"네."

"전혀 생각지도 못했던 일이에요. 로체스터 씨는 자존심이 강한 사람이에요. 또 굉장히 신중한 사람이지요. 그런 로체스터 씨가 정말로 당신에게 청혼을 했다는 건가요?"

"틀림없는 사실이에요."

페어팩스 부인은 나를 위아래로 한번 훑어보았다. 그녀는 아무 매력이 없는 여성을 어째서 로체스터 씨가 선택했을까 하고 의아해하는 표정을 짓고 있었다.

"나는 정말 믿을 수가 없어요. 결혼은 보통 신분이 서로 맞아야 하는데……. 그리고 당신들은 나이 차이가 스무 살이 넘어요. 제인 선생님의 아버지라고 해도 믿을 만한 나이 차이죠."

"페어팩스 부인, 그렇지 않아요. 로체스터 씨는 아직도 20대 같은걸요."

"로체스터 씨가 정말로 당신을 사랑해서 결혼하자는 것일까요?"

나는 그녀의 의심에 기분이 나빴다. 나는 페어팩스 부인을 좋아했는데……. 그녀조차 우리의 결혼을 의아해하고 있으니 나는 슬퍼졌다.

그런 마음을 페어팩스 부인이 알았는지 그녀는 다시 말했다.

"제인 선생님, 당신을 기분 나쁘게 하려는 것은 아니었어요. 당신은 너무 어리고 아직 남자와의 교제도 없었던 사람이죠. 그러니 조심했으면 하는 바람이랍니다. 걱정이 되어서 하는 말이에요."

"왜 그런 걱정을 하시지요? 로체스터 씨는 저와 진정한 사랑을 나눌

만한 사람이 못 된다는 건가요?"

"아니에요. 당신은 좋은 사람이에요. 로체스터 씨가 당신을 좋아하시는 것은 확실해요. 그리고 저는 예전부터 주인 어른이 당신을 좋아하게 될 것이라고 짐작하고 있었어요. 나는 혹시 당신만 상처를 받지 않을까 해서 걱정이 되었답니다. 그래서 내가 먼저 조심하라고 말할까도 생각했었지요. 하지만 그 말을 하면 제인 선생님이 놀랄 것 같아 하지 않았어요. 또 당신은 똑똑하고 바른 사람이니까 스스로를 잘 지킬 수 있을 거라고 생각했지요. 어젯밤 당신과 로체스터 씨 둘 다 방에 없어서 걱정을 했었어요. 그런데 두 사람이 자정이 넘어 함께 들어왔을 때 드디어 일이 벌어졌구나 생각했지요. 그리고 걱정되었고요."

"페어팩스 부인, 이제 그런 걱정은 하지 마세요."

25

청혼을 받고 한 달이 지났다.

결혼을 위한 준비는 잘 진행되고 있었다. 나는 더 이상 할 것이 없었다. 나는 내일이면 새로운 생활 속에 들어간다는 생각에 너무나 흥분되었다. 그러면서도 내 마음속에는 알 수 없는 불안이 조금씩 자라고 있었다. 이해할 수 없는 사건이 일어났기 때문이다. 이 일은 나말고는 아는 사람이 없었다.

로체스터 씨는 외출을 했고 늦은 밤까지 돌아오지 않았다. 나는 그를 정원에서 기다리다가 그가 오면 따뜻함을 느끼도록 서재에 불을 지피러 갔다.

벽난로의 불은 잘 타올랐다. 나는 흔들 의자를 가져다가 난로 옆에 두었다. 그리고 커튼을 내리고 촛불을 켤 수 있도록 했다. 그래도 나는 불안했다. 간밤에 일어난 사건이 머리에 떠올랐기 때문이다.

나는 다시 정원으로 나가 그를 기다렸다. 이윽고 그가 말을 타고 돌아왔고 그는 내 안색을 보더니 걱정스런 투로 물었다.

"제인, 무슨 일이오? 이런 늦은 밤에 나를 마중 나오다니……. 무슨 좋지 않은 일이라도 있었소?"

"아뇨, 아무 일도 없었어요. 그냥 당신이 돌아오지 않으면 어쩌나 걱정했어요. 그래서 당신을 방에서 기다리고 있을 수가 없었어요. 이제 돌아왔으니 됐어요."

우리는 그의 방으로 들어갔다. 우리는 함께 차를 마셨다.

"벌써 자정이군요."

"준비는 다 되었소?"

"네."

"내일 교회에서 식을 올린 후 우리는 소온필드를 떠나는 거요."

"네."

그런데 내 대답이 시무룩하다는 것을 안 로체스터 씨는 어디 아픈 곳이 있느냐고 자꾸 물었다. 나는 내 기분을 어떻게 설명할 수가 없다고 그에게 말했다.

"제인, 당신을 무겁게 하는 것이 대체 무엇이오? 도대체 무슨 걱정을 하는 거요? 당신의 그런 표정과 말투는 나를 괴롭게 하오. 대체 무슨 일이오?"

"알았어요, 말씀 드릴게요. 당신은 어제 이 집에 안 계셨죠?"

"어제 무슨 일이 있었던 거요?"

"어젯밤에 꿈을 꾸었어요. 이 집이 폐허가 되어 박쥐들의 소굴이 되는 꿈이었지요. 그리고 당신은 말을 타고 오래 걸리는 여행을 하러 멀리 떠났어요. 당신이 길모퉁이를 돌았을 때 집에 있는 나는 당신의 모습을 한 번이라도 더 보려고 했어요. 그 순간 집이 무너지면서 내가 떨어졌어요. 그리고 꿈에서 깨어났지요."

"저런, 악몽을 꾸었군. 꿈은 꿈일 뿐이오. 현실의 기쁨과 행복만 생각해요, 제인."

"이게 전부가 아니에요. 꿈을 깨고 일어났을 때 누군가가 내 방에 있었어요. 나는 그 사람이 소온필드 하인 중의 하나인 소피라고 생각했지요. 나는 그래서 '소피 뭐해?' 하고 물어 보았어요. 그녀는 아무 대답이 없었어요. 내 물음에도 아랑곳하지 않고 그녀는 내 벽장 속에 있는 옷들을 하나하나 보고 있었어요. 나는 침대에서 일어나 그녀에게 갔어요. 그런데 로체스터 씨, 그녀는 소피가 아니었어요. 페어팩스 부인도 아니었어요. 이상한 짓을 벌이던 그레이스도 아니었어요. 내가 소온필드에 와서 한 번도 본 적이 없는 얼굴이었어요. 키가 크고 숱이 많은 머리가 어깨까지 내려온 여자였어요. 나는 그렇게 소름 끼치는 얼굴은 처음 보았어요."

"제인, 그것은 결혼에 대해 너무 민감해서 생긴 현상이오. 어젯밤 당신이 겪은 일은 현실이 아니오. 그러니 너무 걱정하지 마시오."

"네, 저도 그렇게 생각했어요. 그러나 아침에 일어나서 그것은 사실이라는 것을 알았어요. 누군가가 내 면사포와 드레스를 두 갈래로 찢어 놓았거든요."

나의 말에 로체스터 씨는 깜짝 놀라 몸을 떨었다. 그러고는 나를 와락 안으면서 말했다.

"오, 하느님! 감사합니다."

나는 그의 말에 어안이벙벙해졌다. 감사하다고 말하다니.

로체스터 씨는 나를 안고 말했다.

"어떤 악한 사람이 당신 방에 들어가 면사포와 드레스만 망가뜨린 게 얼마나 다행이오? 당신이 이렇게 무사하니 얼마나 감사한지 모른다오. 그 사람이 당신을 해쳤으면 어쩔 뻔했소?"

그가 나를 너무 세게 안았기 때문에 나는 거의 숨을 쉴 수가 없었다.

"제인, 어제 당신 방에 들어간 사람은 분명히 그레이스였을 거요. 언젠가 당신도 그랬잖소? 그레이스는 이상한 여자라고. 일전에 내 방에 들어가 화재를 일으키기도 하지 않았소? 당신은 악몽을 꾼 상태였기에 그녀를 제대로 보지 못한 것이오. 헝클어진 머리, 큰 키 모두는 불안한 마음이 만들어 놓은 상상이라오. 당신은 왜 그레이스를 이 곳에 있게 하냐고 내게 묻겠지? 그 이야기는 우리가 결혼하고 나서 일 년이 지나면 이야기해 주리다."

로체스터 씨의 말을 듣고 나니 그런 것도 같았다. 사실 그렇게밖에는 생각할 수 없었다. 나는 그를 안심시키려고 고개를 끄덕이며 웃어 주었다.

26

결혼식 날 아침, 소피가 나에게 면사포를 씌워 주었다. 아래층으로 급히 내려가자 로체스터 씨가 나를 맞아 주었다. 우리 결혼식에는 친척도 없었고 들러리도 없었다.

우리는 교회로 갔다. 나는 교회에서 양복을 차려 입은 두 명의 남자를 보았다. 하지만 로체스터 씨는 보지 못한 것 같았다. 우리는 조그만 교회로 들어갔다. 목사가 하얀 가운을 입고 우리를 맞아 주었다.

결혼식이 시작되었고 결혼의 의미에 대한 설명이 끝나자 목사는 로체스터 씨 가까이에 와서 말했다.

"오늘 결혼식에 두 사람에게 요구하니, 그대들 중 누구도 이 결혼이 합법적이 될 수 없게 하는 장애물이 있다면 지금 고백할지어다. 숨기지 말고 마음속 비밀을 말할지어다. 하느님의 말씀을 거역하고 짝을 맺는 것은 불법이니라."

목사는 이렇게 말하고 잠깐 있다가 로체스터 씨에게 물었다.

"당신은 이 여인을 아내로 삼겠습니까?"

그 때 누군가가 아주 강하고 또렷한 목소리로 말했다.

"이 결혼식은 할 수 없습니다. 이 결혼은 문제가 있습니다."

목사는 그 말을 한 사람을 놀란 눈으로 쳐다보았다. 로체스터 씨의 몸이 휘청거렸다. 그러더니 로체스터 씨는 그 남자를 쳐다보지도 않고 무섭게 말했다.

"결혼식을 계속 하십시오."

목사는 어찌할 바를 몰라하다가 그 남자에게 물었다.

"그 장애가 무엇입니까? 두 사람이 극복할 수 있는 것이라면, 문제가 되지 않을 텐데요?"

"절대로 그렇지 않습니다."

그는 앞으로 성큼성큼 걸어오면서 말했다.

"로체스터 씨는 현재 살아 있는 아내가 있습니다."

나는 낯선 남자의 이 말에 몸이 떨렸다. 하지만 마음을 단단히 먹고 일어나는 일을 지켜보았다.

로체스터 씨는 아무 말도 하지 않았다. 부인하려고도 하지 않았다. 그러더니 그 남자를 보고 누구냐고 물었다.

"나는 브리그스라는 사람이오. 런던에서 일하는 변호사지요."

그러고는 결혼 기록서 같은 것을 보여 주며 말했다.

"당신은 앙투아네트 메이슨과 결혼하였소. 당신이 그 여자와 결혼했

던 교회에 그 기록이 있소."

"그것이 진짜라면 내가 결혼했다는 것은 증명할지 모르지만, 내 아내가 살아 있다는 것은 증명이 안 되오."

"3개월 전까지 살아 있었소."

"증인이 있소? 증인을 세워 보시오. 그렇지 않으면 당신을 가만 두지 않겠소."

"증인을 내세우지요. 메이슨 씨, 이리 오세요."

메이슨이었다. 몇 달 전 소온필드에 왔다가 그레이스한테 상처를 입은 사람. 새벽에 소온필드를 떠났던 그 사람이었다. 그는 로체스터 씨 앞으로 나왔다. 로체스터 씨는 그 남자를 노려보았다. 아주 무서운 눈빛이었다.

"당신의 아내는 소온필드 저택에 살고 있소."

"소온필드에 살고 있다고? 나는 이 동네에 산 지 무척 오래 되었지만 로체스터 부인에 대한 이야기는 한번도 듣지 못했소."

목사가 말했다.

"물론 그러셨겠지요. 아마 듣지 못했을 겁니다. 저 사람은 그런 여자가 살고 있다는 것을 숨기고 있었으니까요."

로체스터 씨는 한동안 가만히 있더니 입을 열었다.

"모든 것을 털어놓겠습니다. 목사님, 나는 이중 결혼을 하려고 했습니다. 이 사람이 한 말은 모두 사실입니다. 목사님은 로체스터 부인에 대한 이야기를 듣지 못하셨겠지만 아마 미친 여자가 살고 있다는 이야기는 들으셨을 겁니다. 어떤 사람은 우리 집에 감금되어 있는 미친 여자가 사생아로 태어난 내 동생이라고 들었을 거예요. 또 어떤 사람은 내 애인이었다가 버림받은 여자라고 알고 있을 것이고요. 이제 말씀드리지만, 그 여자는 15년 전 나와 결혼한 버서 메이슨입니다. 그 여자는 3대에 걸쳐 계속되는 백치와 정신병자 집안의 딸이었소. 그녀도 역시 미쳤습니다. 그녀의 어머니는 서인도 제도 출신의 미치광이에다 술주정뱅이였지요. 나는 이 모든 것을 결혼 후에 알았습니다. 자, 여기 있는 여러분! 모두 우리 집으로 갑시다. 그녀는 그레이스가 돌보고 있지요. 결혼의 맹세를 저버린 것에 대해 동정을 구할 권리가 나에게 있다고 봅니다. 제인은 내가 미친 여자와 결혼했다는 그 비밀을 몰랐습니다."

그는 내 손을 꼭 잡고 교회를 빠져 나가 소온필드로 갔다. 그리고 3층으로 올라갔다. 그리고 열쇠로 문을 따고 방 안으로 들어갔다.

"메이슨? 이 방을 알고 있겠지? 바로 자네 동생이 자네를 물어뜯던 방이지."

로체스터 씨는 다시 한 번 두 번째 문을 열었다. 방 안에 또 하나의 방이 있었고 그 문도 잠겨 있었다. 그레이스가 난로 위에서 무엇인가 요리하고 있었다.

"그레이스! 좀 어때요? 당신이 돌보는 환자는 어떤가요?"

"그럭저럭 잘 지내요. 가끔씩 화를 내지만 난폭하지는 않아요."

그 때 여자가 나타나더니 방문객들을 노려보면서 울부짖었다. 나는 그 얼굴을 보았다. 며칠 전 밤에 내 방에 왔던 그 얼굴이었다.

"그레이스, 칼 같은 건 들고 있지 않겠지?"

"그건 모르겠어요. 얼마나 감쪽같이 숨기는지……. 저 여자의 행동은 보통 사람의 머리로는 알 수가 없습니다. 어떤 행동을 할지 아무도 예측할 수 없지요."

그 때 여자가 달려나와 로체스터 씨의 목덜미를 잡고는 뺨을 물어뜯었다. 로체스터 씨가 그 여자를 밀쳐 내려 했으나 여자는 남자 못지 않은 힘을 갖고 있었다.

로체스터 씨는 그 여자를 때리지 않고 다만 막아 내거나 밀어 내려했다. 간신히 여자를 의자에 앉히고 두 팔을 묶었다. 로체스터 씨는 사람들을 보며 씁쓸한 미소를 지었다.

"이 여자가 바로 내 아내요."

그러고는 내 어깨에 손을 얹고 말했다.

"여러분 여기 이 여자의 눈을 보시오. 그리고 저 여자의 눈을 보시오. 맑은 눈과 동물의 눈을 말이오. 그리고 나서 나를 심판하시오."

우리는 모두 그 방에서 내려왔다. 변호사가 내게 말했다.

"아가씨는 비난받을 일을 하지 않았습니다. 제인 에어, 나는 당신의 큰아버지가 보낸 변호사입니다. 당신의 큰아버지는 런던에서 무역업을 하고 있지요. 그 분은 지금 병상에 누워 있습니다. 그 분은 거래상인 메이슨 씨로부터 로체스터 씨의 이야기를 자주 들었습니다. 그러다 우연히 그가 제인 에어라는 여자와 결혼한다는 사실을 알았죠. 그런데 제인 에어라는 여자는 바로 그 분의 조카였어요. 그래서 나에게 로체스터 씨에 대해 알아보라고 했습니다. 사건의 전말을 알고 나서는 제인 에어 당신을 이중 결혼에서 구해 달라고 했지요. 그래서 우리가 온 것입니다. 물론 큰아버지가 직접 오시려고 했지만 건강이 좋지 않아 오지 못했습니다."

나의 결혼식을 망쳐 버린 두 남자는 로체스터 씨에게 인사도 하지 않고 소온필드를 떠났다.

목사는 로체스터를 나무라는 것 같았다. 나는 내 방으로 돌아와 문을 걸어 잠그고 드레스를 벗었다. 피곤함이 밀려왔다. 나는 그대로 침대에 누웠다. 나는 그 때까지 나에게 벌어진 일들을 바라보고만 있었다. 희망의 빛을 만나려는 순간 그 빛은 암흑이 되었고, 맑은 하늘이 펼쳐지리라는 기대를 무참히 짓밟은 폭풍우가 내게 불어 온 것이다. 나는 이제 다시 쓸쓸하고 처량한 처녀로 돌아가야 했다. 내 앞날은 회색빛이었다.

27

그 날 오후 나는 해가 지는 모습을 바라보았다. 석양을 보면서 앞으로 어떻게 살아야 할지를 생각했다.

'손필드를 떠나야 한다. 하지만 여기엔 내가 사랑했던 남자, 지금도 사랑하는 남자가 있는 곳이 아닌가?'

그 때 내 마음 깊은 곳에서 이 곳을 떠날 수 있다는 소리가 들려왔다.

'제인, 너는 이 곳을 떠날 수 있어! 너는 해낼 수 있어.'

마음 깊은 곳에서 그런 소리가 나자, 나는 나도 모르게 벌떡 일어났다. 그리고 문을 열고 나갔다. 그러나 그만 무엇인가에 걸려 비틀거렸다. 누군가 나의 팔을 붙드는 힘을 느꼈다. 로체스터 씨였다.

"제인, 나는 당신을 괴롭히거나 속일 생각은 없었소. 제인, 나에게 소리 질러요. 화가 난 것, 울분에 떤 것을 나에게 토해 내요. 지금 이 순간 나처럼 슬픈 사람은 없을 거요. 나의 실수가 만든 일이오. 제인, 나를 용서해 주겠소?'

그의 눈은 진실했다. 그 말은 진실이었다. 그의 말에는 사랑이 묻어 있었고 나를 진정으로 걱정해 주며 용서를 구했다.

나는 그 때 이미 그를 용서했다. 그가 한 무엇이든 용서했다.

"제인, 나를 나쁜 사람이라고 여기겠지?"

"……."

"그렇다면 나를 욕해요."

"전, 너무 피곤해요. 물 좀 주시겠어요?"

그는 내가 불안해 보였던지 나를 안고 아래층으로 내려갔다. 여름이었는데 내 몸은 얼음장처럼 차가웠다.

나는 내가 어느 방에 들어갔는지도 몰랐다. 그저 그 방이 내 찬 몸을 녹일 만큼 훈훈했다는 것을 알 정도였다. 그는 나에게 포도주를 주었다. 포도주 한 잔을 마시고 나서야 나는 이 곳이 그의 서재라는 것을 알았다.

나는 죽고 싶었다. 내가 죽는다면 로체스터 씨로 인한 마음의 아픔들을 더 이상 느끼지 않을 테니까. 나는 로체스터와 헤어져야 한다고 생각했다. 그와 헤어지는 것은 내 생살을 도려 내는 것만큼 아프리라는 것을 알지만 말이다.

"제인, 이제 정신이 드오?"

"네. 많이 좋아졌어요."

"한 잔 더 줄까?"

나는 그가 주는 포도주를 한 잔 더 마셨다. 그는 괴로운 표정을 짓더니 나를 안고는 키스하려고 했다. 나는 그와 키스를 해서는 안 될 것 같아 고개를 돌렸다.

"제인?"

"저는 여기를 떠나야겠어요. 그래야 된다고 생각해요. 어딘가로 가서 나에게 일어났던 일들을 돌아보며 생각을 정리해야겠어요."

"얼마나 걸리겠소?"

"전 이 곳과 완전히 작별할 거예요. 당신과도 이제 이별이에요. 전 다른 곳으로 가서 지금까지의 나를 잊고 새로운 삶을 시작하겠어요."

"나와 결혼해도 새로운 삶을 시작할 수 있잖소? 당신이 떠난다는 말은 듣지 않은 걸로 하겠소. 내 아내가 되어야 하오, 제인!"

"당신에게는 아내가 있어요. 내가 당신과 결혼하면 나는 당신의 첩이 되는 거예요."

내 말에 그의 얼굴은 창백해졌다.

"내 이야기를 당신에게 미리 말하지 않아서 미안하오. 나에겐 사정이 있었소. 그 사정들을 좀 들어보지 않겠소?"

"네, 해 보세요. 듣는 거야 몇 시간이라도 들어 드릴 수 있지요."

"제인, 나는 이 집의 장남이 아니오. 원래 형이 하나 있었다오."

"네, 알아요. 그 이야기는 언젠가 페어팩스 부인이 해 주었어요."

"우리 아버지는 욕심이 많으셨다오. 그래서 자기의 재산을 두 형제에게 나누어 주면 자기 것이 하나도 남지 않는다는 것에 대해 참을 수 없어 했지. 이상한 분이시지? 그래서 생각한 것이 형에게 재산을 얼마 정도 나누어 주고 나는 부잣집 딸과 결혼시키는 것이었소. 결국 아버지는 그런 신부감을 찾으셨지. 그 사람은 서인도 제도의 농장주로 아버지의 옛 친구였소. 아버지는 그 친구가 돈이 아주 많은 사람이라고 생각했다오. 아버지는 내가 대학을 졸업하자마자 그녀가 있는 곳으로 보내셨소. 그녀가 돈이 많은 집 딸이라는 이야기는 하지 않고 아주 소문난 미인이라고만 하셨지. 그 말은 거짓말이 아니었소. 그녀의 집안도 우리 집과의 혼사를 좋아했다오. 우리 집도 가문이 좋기 때문이오. 내가 그녀를 만났을 때, 그녀는 나에게 잘 보이려고 무척 애를 썼다오. 그녀를 아는 남자들은 나를 질투했지……. 그리고 나도 그녀의 아름다움에 푹 빠졌소. 그리고 나는 그녀와 결혼했소. 그러나 나는 그녀가 어떤 사람인지, 어떤 마음을 가졌는지, 어떤 장점이 있는지 전혀 몰랐소. 나는 그녀와 결혼할 때까지 그녀의 어머니를 보지 못했소. 신혼 여행을 갔다 와서야 그녀의 어머니에 대해 알았다오. 정신 병원에 감금되어 있다는 것을. 또 그녀에게는 남동생이 하나 있는데 바보였소. 기가 막힌 건 무엇인지 아오? 나의 아버지와 형은 이 모든 사실을 알고 있었다는 것이오. 그녀에게 상속된 3만 파운드에 눈이 멀어 나를 그녀와 결혼시킨 것이오. 나는 그녀가 이유 없이 하인들을 괴롭히고 억지를 부려도 참았소. 나는 그 여자와 4년을 살았소. 지긋지긋하게 나를 괴롭혔지. 그 여자는 무척 빠른 속도로 미쳐 가고 있었소. 그러는 동안 형은 죽었고 그 후 아버지도 돌아가셨다오. 그래서 나는 아버지와 형의 재산까지 다 상속받은 부자가 되었다오. 제인, 얼굴이 좋지 않군. 이야기를 그만 둘까?"

"아니에요. 다 해 주세요. 당신이 불쌍해요. 가여워 죽겠다고요."

"나는 그 후 영국으로 갔소. 아내와 함께 말이오. 서인도 제도에서 영국까지 배를 타고 오는데 참으로 무서웠소. 아내가 어떻게 변해 나에게 덤벼들지 모르니까 말이오. 나는 손필드에 와서야 긴 한숨을 쉬었다오. 그리고 그녀를 저 방에 두었소. 그리고 그녀는 저 방에서 10년을 살았소. 아내의 시중 들 사람을 구하는 게 얼마나 힘들었는지 모르오. 입이 무겁고 책임감 있는 사람은 그리 많지 않으니까. 그러다가 그레이스를 고용하게 되었다오. 아내의 비밀은 그레이스와 지난번 메이슨을 치료해 준 의사 카터만이 알고 있소. 페어팩스 부인은 뭔가 이상하다고만 느꼈지 정확한 사실은 몰랐을 것이오. 그 여자는 제정신이 아니면서도 내 열쇠를 훔치기도 하고, 칼을 숨겨 가지고 있다가 방에 들어온 사람을 찌를 때도 있었소. 그 날들이 바로 메이슨이 다친 날이었고 내 방에 불이 난 날이오. 그리고 당신 방에 들어가 당신의 면사포와 드레스를 찢은 날이오. 나는 지금도 그녀가 당신 방에 들어갔다는 것을 생각하면 아찔하오. 그래도 하느님께서 당신을 지켜 주셔서 이렇게 무사히 내 옆에 있다는 것에 얼마나 감사한지 모른다오."

"선생님……. 그런데 그런 아내를 두고 어디를 가셨었나요?"

"나는 방황하며 이곳 저곳을 떠돌았소. 나의 소원이 무엇이었는지 아오? 바로 당신 같은 여자를 만나는 것이었소. 착하고 총명한 여자를 만나는 것."

"하지만 당신은 이미 결혼한 사람이기 때문에 또다시 결혼할 수는 없어요."

"당신과 사람들을 속일 생각은 없었소. 나는 당신이 그것을 이해해 주리라 생각했소. 그래서 그만 무거운 짐을 벗어 버리고 새로운 사랑을 시작해도 된다고 말이오. 그 동안 내가 받은 고통만으로도 충분하다고 말이오. 나는 지난 1월에 오랫동안의 방황을 접었소. 방탕하게 사귀던 여자들을 모두 정리하고 다시 소온필드로 왔소. 나는 소온필드가 싫었소. 소름끼치는 곳이었지. 이 곳에는 나의 미친 아내가 있으니까. 소온필드로 돌아오던 날 당신을 만났소. 나는 당신이 계단에 앉아 있던 걸 보았소. 그 때까지는 당신에게 어떤 느낌도 없었소. 그런데 내가 탔던 말이 빙판에 미끄러졌고, 내가 엎어졌을 때 당신이 나에게 달려왔지. 물론 그 때도 당신은 나에게 느낌을 주는 여자는 아니었소. 당신은 다친 나를 보고 친절하게 도와주려고 했지. 그래도 나는 무뚝뚝하게 당신을 대했지. 그런데도 당신은 나를 도와주려고 했어. 나는 당신의 도움을 받지 않을 수 없었다오. 내가 당신의 어깨를 빌렸을 때 무엇인가 내게 스며드는 것을 느꼈다오. 하지만 나는 오랫동안 당신을 무시했고 당신을 이 집에서 만나지도 않았지. 나는 천천히 당신을 알고 싶었다오. 혹시 내가 제인이라는 꽃을 함부로 만져 그 꽃이 다치지 않을까 걱정되었소. 나는 당신이 나를 찾지 않을까도 생각했지만 당신은 나를 찾지 않았소. 가끔씩 복도에서 부딪힐 때면 가볍게 목례만 하고 지나갔지. 나는 그 때 당신이 나를 어떻게 생각하는지 몹시 궁금했다오. 그래서 그 이후 당신을 불렀지. 그 때 당신의 표정은 좋아 보였다오. 그리고 친절했고 점점 상냥해졌지. 나는 당신이 내 이름을 불러 주었을 때 얼마나 행복했는지 아오? 당신의 그 작은 입술이 내 이름을 말할 때 말이오."

"그 때의 이야기는 하지 마세요."

나는 그가 말하는 것을 끊었다. 그 날들의 행복이 나에게는 고통이 되었다. 눈물이 났다. 아름다웠던 추억과 로체스터 씨의 사랑 고백을 듣는 것은 나를 더 힘들게 했다.

"제인, 나는 긴 방황을 하다가 이제서야 진실한 사랑을 나눌 수 있는 여자를 만났소. 그게 당신이오. 우리는 헤어질 수 없소. 이미 당신은 나의 반이고 당신은 나의 반이 되었소. 나에게 아내가 있지 않느냐고 묻는다면 그것은 나를 조롱하는 것이오. 나에게는 아내가 아닌 악마가 있는 것이오. 당신에게 말하지 않은 것은 내 잘못이오. 하지만 그것은 당신의 완고한 성격 때문이었소. 우선 당신을 내 사람으로 만들고 나서 말하려고 했소. 하지만 돌이켜 보면 그것은 비겁했던 것 같소. 과거를 고백할 수 있는 용기가 나에게 있었어야 했소. 제인, 부디 나를 용서하고 나를 남편으로 받아주시오!"

나는 아무 말도 하지 않았다. 나는 생각했다. 이 사람을 나는 내 몸처럼 사랑한다. 그를 떠나 사는 것은 나에게 고통이라는 것을 잘 알고 있다. 나는 그 사람을 아주 깊이 사랑하고, 그는 나에게 너무나 소중한 사람이었다.

하지만 나는 그 사랑을 포기해야 했다. 나는 단호하게 말했다.

"이 곳을 떠나겠어요."

"제인, 당신은 나를 두고 떠날 작정이오? 우리가 서로 각자 다른 길을 가자고 말하는 것이오?"

"네."

그는 믿을 수 없다는 표정으로 나의 허리를 잡고 다시 물었다. 하지만 내 대답은 변함이 없었다.

"제인, 나를 떠나겠다는 것은 나보고 비참하게 살다가 죽으라는 말과 같소."

"저는 당신이 편안한 죽음을 맞길 바래요."

"당신이 떠나는 것은 나를 다시 방황하게 만드는 거요."

"우리는 인내해야 해요. 참아야 해요. 아마도 내가 당신을 잊기도 전에 당신은 나를 잊을 거예요."

"내 사랑은 변하지 않소. 당신과 결혼하려는 내가 그렇게도 나빴소? 당신은 나를 절망의 늪으로 밀어넣는군. 이것도 나쁜 일 아니오? 당신이 나와 결혼한다고 해서 당신을 욕하거나 화낼 친척이나 친구가 있는 것도 아니지 않소?"

나는 로체스터의 청을 들어주고 싶었다. 나 역시 그와 헤어지는 것은 절망의 늪에 빠지는 것이었으니까. 혼자 이 곳에 남게 될 그를 생각하니 분명 나보다 더 깊고 어두운 웅덩이에 빠질 것 같았다.

'그를 위로해 주고 그를 구하기 위해 그와 결혼하자. 그의 말대로 나에게는 이 결혼을 반대할 가족, 친척, 친구도 없지 않은가?'

하지만 내 입 밖으로 나오는 대답은 변함이 없었다. 나의 의지가 너무 단호했던지 로체스터 씨는 내 표정을 보고 더욱 울부짖었다. 그는 눈물을 흘렸고 얼굴이 일그러졌다. 나는 그렇게 무기력해 보이는 로체스터 씨를 본 적이 없었다.

"나는 지금까지 살아오면서 당신처럼 굽힐 줄 모르는 사람은 보지 못했소. 당신은 갈대처럼 연약해 보이는데 말이오. 나는 이제 알았소. 당신은 내가 어떻게 하더라도 나를 버리고 이 곳을 떠나리라는 것을. 당신의 뜻을 꺾을 사람은 아무도 없소."

나에 대한 로체스터 씨의 분노를 보았다고 해서 내 결심을 바꿀 수는 없었다.

나는 그에게 굴복할 수 없었다. 나는 이제 이 슬픔과 절망 속에서 빠져 나와야 했다. 그것은 오직 이 곳을 떠나는 것이었다.

"가겠어요."

"제인, 정말 나를 버리고 가겠다는 거요?"

"네."

"나는 누군가의 위로가 필요하오. 난 당신이 필요하오."

그의 목소리는 슬펐다. 그런 그에게 작별을 말하기에는 너무도 힘이 들었다.

"제인, 나를 떠나는 것이 정말 당신의 뜻이라면……. 좋소, 떠나시오. 하지만 잊지 마시오. 당신은 한 남자를 괴로움 속에 남겨 둔 채 떠난다는 사실을……."

그는 흐느껴 울었다. 나는 그 흐느끼는 소리를 들으며 방을 나왔다. 나오기 전 나는 그의 머리를 쓰다듬었다.

"하느님, 이 사람을 지켜주세요. 이 사람을 슬픔에서 구해 주세요. 지금까지 나에게 친절했던 것에 대해 보답해 주세요."

이렇게 그 사람을 위해 기도했다.

"안녕히 계세요, 로체스터 씨."

나는 내 방으로 돌아왔다. 그리고 침대에 누웠다. 그러고 나서 깊은 잠에 빠졌다.

꿈을 꾸었다. 어린 시절의 모습이 나왔다. 붉은 방에 갇혀 울먹이던 어린 소녀가 보였다. 그리고 잠에서 깼다. 아직 한밤중이었다.

나는 날이 밝기 전에 해야 할 일을 생각하고는 하나하나 내 방을 정리하기 시작했다. 짐을 정리하면서 생각했다.

'해야 할 일이라면 미루어서는 안 된다. 이 곳을 떠나기로 했으면 어

서 빨리 떠나자.'

짐을 정리하다가 로체스터 씨가 사 준 진주 목걸이가 눈에 들어왔다. 나는 그 목걸이를 그냥 그 곳에 두었다. 나의 것이 아니기 때문이다. 내가 가진 돈은 전부 20실링이었다. 그 돈을 지갑에 넣고 그 곳을 빠져 나왔다.

'모두들 안녕! 소온필드의 사람들이여!'

'페어팩스 부인 안녕!'

'귀여운 아델, 안녕!'

방을 지날 때마다 그 방의 주인들에게 인사를 했다. 로체스터 씨의 방을 지날 때 내 심장은 터질 것 같았다. 다리도 움직여지지 않았다. 로체스터 씨는 아직도 잠을 자지 않고 있었다. 그가 방 안을 왔다갔다하는 소리가 들렸다. 이 방문을 다시 열고 들어가 이렇게 말하고 싶었다.

"여기 있겠어요."

내가 그렇게 말한다면 그 방은 금세 천국이 될 것이다.

"당신과 여기서 살겠어요."

들어가 이렇게 말하고 싶었다. 하지만 그렇게 할 수 없었다. 나는 이미 결정을 했으니까. 그리고 이렇게 떠나야 하는 것이 나의 길이라고 생각했으니까.

로체스터 씨 방을 지나 아래층으로 내려왔다. 나는 아무도 듣지 못하게 조심조심 내려왔다. 식당으로 가서 우유와 빵을 먹었다. 먹어야 기운을 차리고 움직일 수 있을 것 같았다.

내가 현관문을 열고 뜰로 나왔을 때 어느 새 조금씩 날이 밝고 있었다. 나는 소온필드 정문을 지나 밀코트와 반대되는 길로 갔다. 그 길을 가 본 적은 없었지만 무작정 걸어갔다.

나는 계속 길을 걸었다. 들판을 걸었고 산을 넘었고 오솔길을 걸었다.

나는 이제 갈 곳 없는 사람이 되었다. 다시 돌아가 로체스터 씨에게 안기고 싶었다. 하지만 나는 이미 길을 떠난 사람이었다.

'지금이라도 늦지 않았어, 제인. 네가 돌아가면 로체스터 씨는 일순간에 슬픔을 걷어 내고 새 사람이 될 수 있어. 로체스터 씨와 너는 행복하게 살 수 있어. 왜 그 길을 거부하는 거니? 제인!'

나는 고개를 흔들었다. 내 마음속에서는 두 자아가 싸우고 있었다. 가야 한다고 말하는 자아와 떠나야 한다고 말하는 자아가.

그러는 사이 나는 큰길로 나왔다. 마차들이 지나가고 있었다. 나는 지나가는 마차를 보고 손을 들어 세웠다.

"어디로 가시나요?"

나는 내가 알고 있는 마을의 이름을 댔다. 그 곳이라면 로체스터 씨와 아무 연관이 없을 것 같았다.

"30실링입니다."

"어쩌죠? 저는 20실링밖에 없는데요."

"좋습니다. 20실링에 가지요."

나는 마차에 올랐다. 덜컹거리는 마차를 타고 나는 어디론가 떠나고 있었다. 마차 안에서 나는 울었다. 나에게 주어진 길과 소온필드에 남겨진 로체스터 씨를 생각하며 눈물을 흘렸다.

28

이틀이 지나서야 마차는 목적지에 도착했다. 그 곳은 위트크로스라는 곳이었다. 갈 곳이 없는 나는 그 곳 어느 들에서 숄을 이불 삼아 잠을 잤다.

다행히 날씨가 좋아 그리 힘든 잠자리는 아니었다.

다음 날 아침, 나는 아침 햇살에 눈을 떴다. 나는 일어나 계속 걸었다. 너무 힘들어 더 이상 걸을 수 없을 때, 교회의 종소리를 들었다. 나는 그 소리가 나는 쪽을 찾아 두리번거렸다. 거기에는 작은 마을이 있었다. 마을 입구에는 빵집이 하나 있었다. 너무 배가 고파 진열장에 있는 빵을 쳐다보았다. 빵집 점원은 내가 입은 옷을 보고 신분이 좋은 사람인 줄 알았는지 친절하게 맞아 주었다.

"어떤 빵을 찾으세요?"

하지만 나는 돈이 없었다. 돈 대신 내가 갖고 있는 장갑이나 손수건으로 빵을 사서 먹고 싶었지만 그렇게 말할 용기가 나지 않았다. 그냥 피곤하니 잠시 쉬었다 가게 해 달라고만 말했다. 빵을 살 거라고 생각했던 빵집 점원은 내 말에 금방 표정이 바뀌었다. 나는 잠시 후 빵집을 나왔다.

나는 여러 집의 문을 두드리며 식모를 구하지 않느냐고 물었다. 하지만 어느 집에서도 나를 필요로 하지 않았다.

어느 새 저녁이 되었고 나는 여전히 갈 곳이 없었다. 나는 교회를 찾았다. 교회에는 작은 집이 한 채 있었다. 아마도 목사가 사는 사택이었을 것이다. 나는 목사라면 낯선 사람을 도와줄 수 있을 거라 여기고 그 집 문을 두드렸다. 하지만 그 곳에서도 일자리를 얻지 못했고 먹을 것도 얻지 못했다.

나는 다시 그 집에서 나와 길을 걸었고 어떤 집에 도착했다. 그 집 주인 남자는 마침 빵을 먹고 있었다. 나는 거기서 치즈를 바른 빵 한 조각을 얻어 시장기를 때울 수 있었지만 잠자리는 얻지 못했다.

나는 잠을 자려고 숲 속으로 들어갔다. 하지만 잘 수가 없었다. 날씨가 흐려 땅은 축축했고 추웠다. 다음 날은 온종일 비가 내렸다. 나는 비를 맞아 가면서 일자리를 찾았지만 마찬가지로 가는 곳마다 거절당했

다. 다시 밤이 왔을 때 내 정신과 육체는 모두 지쳤다. 더 이상 걸을 수가 없었다.

'비가 오는 이런 날에도 길에서 잠을 자야 하는가? 땅을 요 삼고 하늘을 이불 삼아야 하는가? 나를 재워 줄 사람은 없단 말인가? 어쩌면 나는 이렇게 죽을지도 모르겠다. 하느님, 저를 구해 주소서. 하느님, 저를 인도해 주소서.'

그리고 내가 죽을 장소를 찾았다. 사람이 다니는 길이나 마을에서 죽는 것보다는 사람이 잘 다니지 않는 곳이 좋겠다고 생각하고 적당한 곳을 찾았다.

그 때 불빛 하나가 반짝거렸다. 나는 그 불이 금방 꺼질 것이라고 생각했다. 하지만 그 빛은 사그라들지 않았다. 나는 그 빛이 사람이 살고 있는 집의 불빛이라고 생각하고 그 곳으로 가려고 했다. 하지만 그 곳까지 너무 멀게 느껴졌다. 또한 그 곳을 찾는다고 해도 달라질 것은 없었다. 나는 여전히 돈이 없고 살아갈 기력이 없었으니까.

나는 그냥 자리에 풀썩 주저앉았다. 무섭게 쏟아지는 비에 내 몸은 감각이 마비되는 것 같았다. 서서히 의식은 사라지고 나는 추위에 떨고 있었다.

'제인, 안 돼! 이렇게 죽으면 안 돼!'

나는 내 마음속에서 외치는 소리를 들었다. 그러고는 벌떡 일어나 그 불빛을 향해 걸어갔다. 나는 몇 번 넘어졌다. 그러나 그 때마다 일어나 그 불빛을 향해 걸어갔다. 얼마쯤 걸었을까. 어느 순간 그 빛은 보이지 않았다. 사방은 어둠뿐이었다. 나는 한발자국도 앞으로 나갈 수 없었다.

그러다 다시 작은 빛 하나를 발견했다. 그 빛은 아주 작은 창문에서 새어 나오고 있었다. 창문은 담쟁이덩굴로 뒤덮여 있었다. 나는 담쟁이 잎사귀들을 걷고 빛이 나오는 창문을 들여다보았다.

한 노파가 식탁에 앉아 뜨개질을 하고 있었다. 그리고 노파 옆에는 젊은 여자 둘이 있었다.

그들은 모두 검은색 옷을 입고 있었다. 노파의 딸은 아닌 것 같았다. 여자 둘은 모두 단정하고 교양이 있어 보이고 우아해 보였지만 노인은 그냥 시골 노파였다. 여자 둘은 책을 읽고 있었다. 나는 이들의 모습을 창문으로 엿보았다.

그 여자들은 서로 자기가 읽은 책 내용을 들려주었다. 그리고 마음에 드는 부분을 읽어 주기도 했다.

나는 용기를 갖고 문을 두드렸다.

"무슨 일이신가요?"

노인이 나와 물었다.

"어디든지 좋으니 하룻밤만 재워 주세요. 그리고 염치 없는 부탁이지만 빵이 있으면 조금 나누어 주세요."

"빵은 줄 수 있지만 낯선 사람을 집에 재울 수는 없어요."

노파는 의심스런 눈초리로 나를 바라보았다.

"그럼, 저는 어디로 가면 좋을까요? 비는 이렇게 오고……. 저는 갈 곳이 없답니다. 저를 불쌍히 여기시고 재워 주세요, 제발."

"당신이 어디에서 자든 그것은 나와 상관 없는 일이오. 여기 동전 하나 줄 테니 어서 돌아가요."

"전 이제 걸을 힘도 없답니다. 제발 문을 닫지 마시고 하룻밤만 재워 주세요."

"그럴 수 없어요. 비가 집으로 들이치니 이제 문을 닫아야겠어요."

노파는 문을 닫고 잠가 버렸다.

나는 배고픔과 거절당한 것 때문에 마음이 찢어질 듯 아팠다. 너무 지쳐 움직일 수가 없었다. 그 자리에 그대로 쓰러졌다. 나는 비에 젖은 그 집 층계에서 울었다. 그리고 신음하며 이렇게 중얼거렸다.

"난 이제 죽게 될 거야. 나는 하느님을 믿지, 하느님이 나를 좋은 곳으로 데리고 가 주실 거야."

그 때 누군가 나를 보고 말했다.

"사람은 누구나 죽지만 그렇게 죽어서는 안 되지요."

"누구세요?"

"배고픔 때문에 여기서 죽는다면 그것은 당신의 명을 다하고 죽는 게 아니에요."

나는 뜻밖의 소리에 놀랐다. 그는 내 옆에 서서 그 집 문을 두드렸다.

"세인트 도련님인가요?"

"그렇소. 얼른 문을 여시오."

"어머, 비를 많이 맞으셨네요. 어서 들어오세요. 동생 분들도 도련님을 기다리고 있었어요. 거기다가 마을의 나쁜 사람들이 와서 행패를 부리고 있어요. 아까는 어떤 이상한 여자가 와서 잠을 재워 달라고 했지요. 어머! 이 여자가 아직 안 가고 있네!"

"조용히 하세요, 한나. 저 여자에게는 무슨 사연이 있는 것 같으니, 어서 집으로 데리고 들어오시오."

나는 따뜻한 부엌으로 안내되었다. 어지러웠다. 다행히 의자에 앉으니 견딜 수가 있었다. 의식은 있었지만 너무 힘들어 말을 할 수가 없었다.

"한나. 이 여자에게 먹을 것 좀 갖다 주시오. 우선 따뜻한 우유를 주어야겠군."

나는 처음에는 먹기도 힘들었지만, 조금 먹고 나자 허겁지겁 먹었다.

"조심하시오. 그러다가 체하겠소."

"이름이 뭐요?"

"제인 엘리어트."

나는 신분이 드러날까 봐 성을 바꾸었다.

"집이 어디오? 아는 사람이 있으면 말해 보시오. 연락해 주겠소."

나는 잠자코 있었다. 하지만 이 집에 들어오고 나자 버림받았다는 생각은 들지 않았다. 그래서 스스로 힘을 내고 거지 제인이 아닌 내 원래성격으로 돌아가기로 했다. 그리고 나에 대해 말하기로 했다.

하지만 말할 힘이 없었다.

"죄송합니다. 오늘 저녁은 제가 너무 지쳐 말할 기력이 없군요."

"우리가 무엇을 해 주면 좋겠소?"

"아무것도 없습니다."

"그러면 비 오는 저 밖으로 당신을 내보내도 좋다는 말인가요?"

이렇게 여자가 물었다. 하지만 그 물음은 악의가 아니었다. 그녀는 선한 얼굴을 하고 있었다.

"당신은 좋은 분이라고 믿어져요. 저를 이 밤에 내쫓을 거라고는 생각되지 않는군요. 하지만 나에 대해 자세히 말하라는 것은 무리한 요구예요. 정말 죄송합니다."

세 사람은 내게 걱정하는 눈빛을 보내더니 자리를 비켜 주었다. 나는 곧 노파의 부축을 받으며 비에 젖은 옷을 벗고 새 옷으로 갈아입었다. 그리고 따뜻한 침대에 누웠다. 하느님은 나를 아무렇게나 내버려 두지 않으셨다. 나는 그날 밤 하느님께 감사하며 잠자리에 들었다

29

그 날 이후 나는 사흘 동안 희미한 의식을 갖고 있었다. 사흘이 지나서야 겨우 제정신이 들어 말을 할 수 있었고 움직일 수 있었다.

점심 즈음 이 집 식구는 나에게 빵을 갖다 주었다. 나는 일어나고 싶었다. 방을 나가 거의 기다시피 해서 부엌으로 갔다. 부엌은 새로 구운 빵 냄새로 가득했다. 한나가 빵을 굽고 있었다. 그녀는 나를 보더니 말했다.

"몸은 좀 어때요? 많이 좋아진 것 같은데……. 의자에 앉아요."

내가 의자에 앉자, 그녀는 궁금한 것들을 묻기 시작했다.

"여기 오기 전에도 거지 행세를 했었수?"

나에게 거지라고 말하는 그녀의 말에 기분이 나빴지만, 나는 침착하게 대답했다.

"저는 거지가 아니에요."

"집도 돈도 없는 것 같은데……. 근데 글은 좀 아우?"

"네, 많이 배웠어요."

"하지만 기숙 학원은 가 보지 못했겠지?"

"아뇨. 거기서 8년이나 있었어요. 그 곳에서 선생을 했어요."

한나는 눈을 동그랗게 뜨며 다시 물었다.

"그런데 왜 남의 신세나 지면서 살고 있소?"

"할머니, 저에게 신경 쓰지 말아 주세요. 그런데 이 집 주인은 세인트 존 씨인가요?"

"그렇다오. 하지만 그 분은 이 집에 늘 안 계시지. 잠시 이 곳에 들리러 온 거요. 그 분은 자기 교구인 모튼에 있지."

한나는 말하는 것을 좋아하는지 내가 묻지도 않은 것들을 이야기했다. 나는 이 집 주인과 여동생들이 어디로 갔는지 물었다.

"산책하러 모튼까지 갔는데 이제 곧 돌아올 시간이 됐어요."

한나의 말대로 그들은 잠시 후에 돌아왔다. 존은 나를 보고 잠깐 고개 숙여 인사를 하고 지나갔다. 하지만 메어리와 다이애나는 내가 많이

좋아졌다며 친절하게 말해 주었다. 그리고 내 손을 잡고 내 얼굴을 보면서 말했다.

"당신은 우리 집 손님이에요. 부엌은 들어올 곳이 아니랍니다. 그러니 거실에 계세요."

다이애나는 나를 이끌고 거실로 가더니 소파에 앉혀 주었다. 거실은 작고 아담했지만 깨끗하고 단정하게 정돈되어 있었다. 존은 나에게 눈길조차 주지 않고 신문만 읽었다. 다이애나는 나에게 차와 과자를 가져다 주었다. 나는 그 과자를 사양하지 않고 먹었다.

그러자 신문을 읽고 있던 존이 나를 보더니 입을 열었다.

"배가 몹시 고팠나 봐요?"

"네."

"하긴 사흘 동안이나 굶었으니 배가 고팠을 거요. 하지만 배가 고프다고 해서 닥치는 대로 먹으면 안 되오. 몸이 망가져 버리지. 이젠 먹어도 되지만 과식하면 안 되오."

"신세를 오래 지지는 않겠습니다."

"친구 분의 주소를 가르쳐 주시면 우리가 편지를 보내 드리겠소."

"저는 가정도 친구도 없답니다."

"그럼, 지금까지 어디에 살았소?"

나는 잠시 동안 가만히 있었다. 다이애나가 가져다 준 차를 다 마시고 나서 말을 시작했다. 내 이야기를 해야 할 것 같았다.

"세인트 존 씨. 당신 가족들이 제게 베풀어 준 친절에 다시 한 번 감사 드립니다. 당신들은 저를 구해 주셨으니, 어느 정도는 제가 어떤 사람인지 알아야 할 권리가 있다고 생각해요. 제 이야기를 하지요. 저는 목사의 딸입니다. 하지만 부모님이 일찍 돌아가셔서 고아가 되었죠. 외숙모 댁에서 열 살까지 살다가 자선학교에서 공부했습니다. 그리고 좋은 가정교사가 되기 위해 일 년 전 제가 다니던 로드 학원을 나왔지요. 그리고 어떤 집에서 가정교사로 있었습니다. 얼마 전까지 저는 무척 행복한 사람이었습니다. 하지만 그 곳을 떠나오게 된 이유는 말씀 드릴 수가 없습니다. 이틀 동안 길에서 잠을 잤습니다. 음식도 제대로 먹지 못했죠. 그러다 당신네 처마 밑에서 굶어 죽을 뻔했는데 당신들의 도움으로 이렇게 살아났답니다."

다이애나는 나의 힘들고 슬픈 표정을 읽고는, 오빠인 존에게 나를 더 이상 힘들게 하지 말라고 했다.

"오빠, 제인이 힘들어 하는군요. 더 이상 묻지 마세요."

하지만 세인트 존은 나에게 계속 물었다. 그의 음성은 변함 없이 냉정했다.

"당신도 앞으로 더 이상 우리 집 식구들에게 동정을 받거나 신세지는 걸 원치 않죠? 우리를 의지하지 않고 살고 싶죠?"

"네, 그래요. 그런데 어떻게 해야 일자리를 얻을 수 있을까요? 제가 일자리를 얻을 때까지 제발 여기 있게 해 주세요. 두 번 다시 집 없이 방황하기 싫습니다. 저를 도와주세요."

"그래요, 동생들이 당신을 잘 도와줄 거요."

30

이 집 사람들은 나에게 친절하고 상냥했다. 나는 날이 갈수록 이 집 사람들이 좋아졌다. 며칠이 지나자 나는 다시 건강해졌다. 침대에서 일어나 산책도 할 수 있게 되었다. 이렇게 시간이 흘러 한 달이 지났다. 메어리와 다이애나는 영국 어느 대도시로 가정교사를 하러 떠나기로 되어 있었다. 존도 나를 위해 일자리를 찾고 있는 것 같았다.

어느 날 존이 거실에서 책을 보고 있을 때, 그에게 다가갔다.

"무슨 일이오?"

"혹시 제가 할 수 있는 일을 알아보셨나 해서요."

"당신이 할 수 있는 일을 생각해 보았소. 하지만 나는 당신이 당분간 여기 있었으면 하오. 내 동생들이 당신을 좋아하고 당신으로 인해 이 집이 행복해졌으니 그 행복을 깨고 싶지 않소."

"하지만 두 동생 분들은 이제 곧 떠나시잖아요?"

"맞소. 동생이 떠나면 나도 목사관으로 돌아가고. 한나도 나와 함께 떠나지요. 그러면 이 집은 비게 됩니다."

"생각해 보신 일은 그럼……."

"나는 가난한 사람이고 이름 없는 사람이기 때문에 내가 당신에게 알아봐 줄 일자리는 이런 정도의 일이라오."

존은 한동안 침묵을 지키고 있다가 다시 말을 이었다.

"나는 모튼에 오래 있을 계획은 없소. 하지만 있는 동안에는 모튼을 개화하려고 합니다. 2년 전 내가 이 곳에 왔을 때는 학교가 없었소. 가난한 집 아이들은 배울 기회를 가질 수가 없었소. 그래서 나는 그들을 위해 학교를 세웠소. 남자들만 다니는 학교지요. 이제 여자아이들을 위한 학교를 세우려고 하오. 이 목적을 위해 건물을 빌렸소. 그리고 아이들을 가르칠 여선생이 묵을 집도 미리 구해 놓았지요. 봉급은 1년에 30파운드라오. 교사를 도울 보조도 있다오. 올리버라는 여자지요. 교사가 묵을 집은 물론 허름하고 좁소. 가구도 간소하고. 제인, 당신이 그 일에 뜻이 있다면 도와주시겠소?"

존은 이 말을 아주 급하게 했다. 아마도 내가 그의 제안을 거절하거나 화를 내지 않을까 긴장했던 모양이었다.

사실 가난한 집의 아무것도 모르는 아이들을 가르친다는 것은 힘든 일이었다. 하지만 나는 거절할 처지가 아니었으므로 존의 제안을 즉석에서 받아들였다.

"고맙습니다, 존. 그 일을 기쁘게 하겠습니다."

"제인, 내가 말한 의도를 아시겠소? 당신이 가르칠 아이들은 가난한 집 아이들뿐이오. 좀 산다고 하는 집의 아이들도 기껏해야 농장을 가진 농부의 딸일 정도요. 뜨개질, 바느질, 읽고 쓰기, 산수 등을 가르쳐야 합니다."

"네, 알겠습니다."

"언제부터 일을 시작하시겠습니까?"

"내일 교사가 묵을 방으로 가겠습니다. 그리고 다음 주부터 시작하지요."

"그럼, 그 때부터 일하는 것으로 알겠습니다."

다음 날, 나는 존이 말한 모튼에 있는 여선생이 묵을 집으로 갔다. 그 다음 날은 다이애나와 메어리가 가정교사 자리를 위해 도시로 떠났다. 일주일 후에 존과 한나가 목사관으로 왔다. 그래서 내 죽음의 위기를 넘겨 주었던 그 집은 텅 비게 되었다.

31

내가 살게 된 집은 아주 작은 시골집이었다. 그 집은 새 주인을 위해 하얗게 칠해져 있었다. 가구는 테이블 하나, 의자 네 개, 시계, 접시 서너 개, 그릇 몇 개, 그리고 그릇을 넣어 둘 찬장이 있었다. 부엌과 비슷한 크기의 침실에는 침대와 옷장이 있었다. 모두 소박한 것들이었다.

다음 날 아침, 마을의 학교가 문을 열었다. 학생은 모두 20명이었다. 아이들은 시골 사투리를 썼고 무척 투박했다. 나는 그 아이들의 말을 제대로 알아들을 수 없어 무척 고생을 했다. 무례하고 난폭해서 다루기 힘든 아이들도 있었지만, 온순한 아이들도 있었고 배우려는 의지가 강한 아이들도 있었다. 나는 아이들을 만나는 것이 즐거웠고 아이들을 가르치는 일이 행복했다.

나는 알고 있다. 사람의 영혼은 그들이 태어나는 배경과 신분에 따라 달라지는 것이 아님을. 나는 이 아이들을 훌륭하게 키워 내야 하는 사명을 갖게 되었다. 그리고 그 일에서 충분히 보람과 행복을 찾을 수 있을 거라 생각했다.

벌써 가을이었다. 추수 때의 시골 풍경은 얼마나 풍요로워 보이는지 모른다. 나는 가을날의 들판을 바라보았다. 그 시간이 얼마나 고요하고 평화스러웠는지 모른다.

하지만 나는 내 속에 또 하나의 제인이 울고 있다는 사실을 알았다.

나는 어느 새 소온필드의 로체스터 씨를 생각하고 있었다. 나는 로체스터 씨를 생각하며 많이 울었다.

그렇게 한참을 울고 있을 때 누군가가 내 집으로 오는 소리가 들렸다. 존이 개 한 마리와 함께 우리 집 문까지 왔다. 나는 울음을 멈추고 거울을 보았다. 내가 운 것을 들키지 않기 위해 눈물을 닦았다. 그리고 목소리도 가다듬었다.

"들어오세요."

"동생들이 당신에게 이것을 전해 주라고 하더군요. 그림물감, 연필, 스케치북입니다."

그 물건은 나에게 너무나 기쁜 선물이었다. 그림을 그린 지가 언제였던가.

"그래, 근무 첫날 소감을 말해 봐요. 힘들진 않았어요?"

"힘들지 않았어요. 아마도 조만간 아이들과 즐거운 시간을 보낼 수 있을 거예요."

"집이 낡아서 실망하셨죠?"

"아니에요. 맘에 들어요. 가구도 아직 쓸 만하고요. 절 실망시키는 것은 하나도 없어요. 전 얼마 전까지 가진 게 아무것도 없던 사람이었어요. 하지만 이제는 이렇게 잠을 잘 집도 있고 일자리도 생겼습니다. 모두 당신 덕분이에요."

"우리 산책이라도 나갈까요?"

"네, 그렇게 하지요."

우리 두 사람은 시골 들판으로 나왔다.

"혼자 지내기에 외롭진 않나요?"

"외로울 틈도 없어요. 새로운 생활에 적응하려면 외로움 같은 것은 느낄 새가 없거든요."

"다행이군요. 당신이 어떤 과거를 가졌는지 모르지만, 어쨌든 이 곳에서 과거의 아픈 기억들을 모두 지웠으면 합니다. 그리고 새로운 마음으로 아이들을 가르쳤으면 합니다. 아픈 과거가 떠올라 자꾸 당신을 괴롭혀도 과감히 끊어 버리세요."

"네, 저도 그렇게 하려고 합니다."

존은 자기가 이 곳에서 보낸 1년 동안의 생활을 이야기했다. 목사 생활의 어려움과 보람 등을 이야기했다.

산 너머로 태양이 지고 있었다. 노을이 발갛게 세상을 물들였다. 그는 저무는 해를 말없이 바라보았다. 나도 그의 옆에서 말없이 해를 바라보았다.

그 때 누군가가 우리를 향해 걸어오고 있었다.

"안녕하세요, 목사님. 목사님보다 개가 먼저 나를 알아보고 꼬리를 흔드네요. 들판에 들어서자마자 목사님의 개가 저를 보고 알은 체를 하지 않겠어요?"

우리는 깜짝 놀라 소리나는 쪽을 바라보았다. 하얀 옷을 입은 통통한 여자가 서 있었다. 그녀의 눈은 한눈에 보아도 반할 정도로 크고 반짝였다. 눈썹도 인상적이었다. 웃을 때마다 뺨의 보조개가 패였다. 나는 같은 여자로서 그녀의 아름다움에 감탄했다.

한참 후에 존은 간신히 입을 열었다.

"지금은 여자 혼자 나오기에 늦은 시각입니다."

"목사님께서 학교를 시작했다는 말을 아버지께 들었어요. 저는 그 소리를 듣자마자 이리로 왔답니다. 여기 계신 이 여자 분이 선생님이신가 보네요?"

"네, 맞습니다."

그녀는 나를 보고 환하게 웃으며 물었다.

"이 곳 모튼이 마음에 드시나요?"

그녀는 천진난만한 태도로 물었다. 나는 그녀가 마음에 들었다.

"네. 여기는 제가 좋아할 만한 게 많은 마을입니다."

어둡기 전에 존과 그 여자와 함께 다시 집으로 돌아왔다.

"학생들은 어떤가요? 열심히 공부하나요?"

그녀가 물었다.

"네."

나는 짤막하게 대답했다.

"집은 마음에 드시나요?"

"네, 만족해요."

"사실은 제가 이 집을 꾸몄는데 다행이네요."

"그러셨어요? 정말 깔끔하고 단정하게 잘 꾸며 놓으셨더군요."

"시중드는 엘리스는 어떤가요? 선생님한테 잘 하나요?"

"네, 많은 도움을 주고 있어요."

그 여자는 부자인 것 같았다. 부자이면서도 아름다운 용모와 고운 마음씨를 가지고 있었다.

"도움이 된다면 저도 가끔씩 와서 아이들 가르치는 것을 돕고 싶어요."

그 여자의 이름은 올리버였다. 올리버는 존을 바라다보면서 말했다.

"요즘은 통 베일 저택에 오시지 않는다고 아버지가 섭섭해하세요. 오늘 밤은 아버지 혼자 계시는데……. 몸도 아프시니 한 번 찾아와 주세요."

"찾아뵙고 싶지만 너무 늦었습니다. 내일 아침이나 오전 중에 찾아뵙지요."

"이 시간이면 적당해요. 아버지는 공장 일을 마치면 할 일이 없으세요. 말동무가 필요하시죠. 목사님, 우리 집에 함께 가실까요?"

그러더니 올리버는 고개를 흔들며 말했다.

"죄송해요. 제가 잊었어요. 목사님은 수다스러운 것을 좋아하지 않는다는걸요. 그렇지만 우리 아버진 만나 주실 거죠?"

"올리버 양, 죄송하지만 오늘 밤은 곤란합니다."

"알겠어요. 목사님은 고집이 세시군요. 그럼, 이만 가 볼게요."

"안녕히 가십시오."

존 리버스는 딱딱하고 형식적인 인사를 했다.

32

나는 시골 학교에서 성실하게 아이들을 가르쳤다. 내 열정과 에너지를 모두 담아 아이들에게 전했다. 아이들은 학교를 다녀 본 적이 전혀 없기 때문에 질서를 잡기도 어려웠다.

하지만 서로에게 어느 정도 익숙해지고 적응이 되어 가자 우리는 놀라운 속도로 친해졌다. 그리고 그들의 실력도 놀라울 정도로 향상되었다. 처음에는 무슨 소린지 몰라 멍청한 얼굴로 입만 벌리고 있던 아이들 중 몇 명은 이제 내가 하는 말을 완전히 이해하게 되었다. 아이들은 순진했고 나는 그런 아이들이 사랑스러웠다. 놀랄 정도로 영특한 아이들이 있었고, 예의 바르고 자존심이 강한 아이들도 있었다. 그런 아이들을 볼 때마다 나는 행복했다.

학부모들은 이따금 나를 자기 집에 초대해서 저녁 식사를 대접해 주었다. 그들이 내놓은 음식은 진수성찬은 아니었지만 정성이 담겨 있었다. 그들은 나를 정성껏 대접해 주었다. 나는 그들과 나누는 대화를 좋아했다. 그 대화는 솔직했고 체면이나 거짓된 표정이 없었다.

시간이 지나면서 차츰 나는 이 마을의 중요한 인물로 자리잡아 갔다. 길을 지나가면 나를 알아보고 나이 많은 어른들도 나에게 인사를 했다. 나는 공손히 인사를 받았고 내가 먼저 그들을 보면 달려가서 인사를 하기도 했다. 여태까지 이렇게 많은 사람들의 관심과 존경 속에 살아본 적이 없었다. 그래서일까? 나는 이 마을에서의 하루하루가 행복하고 즐거웠다.

하지만 낮 동안에 분주히 아이들을 가르치고 마을 사람들과 만날 때는 행복했지만, 집에 혼자 있을 때는 알 수 없는 허전함과 그리움이 밀려오곤 했다. 나는 그 허전함과 그리움이 어디에서 오는지 알고 있었다. 바로 소온필드의 로체스터 씨 때문이었다.

나는 꿈 속에서 자주 로체스터 씨를 만났다. 나는 로체스터 씨 품에 안겨 있었다. 그리고 사랑을 느꼈다. 꿈 속이었지만 너무도 행복했다. 그리고 아침이 되면 모든 것을 잊고 다시 학교로 달려가 아이들을 가르쳤다.

올리버 양이 언젠가 나를 돕겠다고 한 약속을 지키기 위해 학교를 방문했다. 이상한 것은 그녀의 방문 시간은 언제나 존 목사가 아이들에게 기독교 교리를 가르칠 때라는 것이었다. 올리버 양의 눈은 언제나 젊은 목사에게 가 있었다.

어느 날 저녁, 올리버는 우리 집에 놀러 왔다가 내 서랍을 열어 보았다. 물론 예의에 벗어난 일이었지만 일부러 한 일은 아니었다. 아직 어린 그녀가 갖는 호기심이었다.

그녀는 내 서랍에서 불어책 두 권, 독일어 문법책, 사전, 그리고 내가 그린 그림들을 찾아 냈다. 올리버 양은 내가 그린 모튼의 계곡과 자연을 보고 너무 잘 그린다며 호들갑을 떨며 칭찬했다.

그리고 내 책을 보고도 놀라워 했다.

"어머, 제인 선생님은 프랑스 어도 하시나 봐요. 정말 멋진 분이시군요. 당신은 내가 다니는 학교 선생님보다 더 훌륭한 선생님이세요. 제 초상화 좀 그려 주시겠어요? 제가 여길 떠나 있을 때, 아버지가 이 초상화를 보고 절 생각하실 수 있게요."

"그럼요, 그려 드릴게요."

나는 올리버 양을 그렸다. 이렇게 예쁘고 순수한 아가씨를 그리는 것은 행복한 일이었다.

다음 날, 올리버 양의 아버지가 나를 찾아왔다. 내가 그림을 그린다는 것 때문이었다. 그는 말수가 적고 거만한 사람 같아 보였지만 나에게는 친절했다. 그리고 자기 딸의 초상화를 잘 마무리해 달라고 부탁했다.

"제인 선생, 우리 집에 초대하고 싶은데, 내일 시간이 어떻습니까?"

이렇게 해서 나는 다음 날 그 집을 방문하게 되었다. 크고 화려한 집이었다. 올리버 양은 내가 자기 집을 방문한 것을 무척 기뻐했다. 존 목사도 초대되었다.

"제인 선생님은 실력이 너무 좋아요. 제인 선생님 같은 분이 이런 시골에 있는 것이 좀 아깝다는 생각이 들어요. 하지만 아이들이 제인 선생님 덕분에 많은 것을 알고 배울 수 있다는 것은 우리 동네로서는 다행이죠. 저는 은근히 걱정이 돼요. 혹시 이 곳을 떠나 다른 곳으로 가실까봐서요. 이 곳을 떠나면 더 좋은 보수와 대접을 받을 수 있을 테니까요."

"걱정 마세요, 올리버 양. 나는 이 곳 모튼이 맘에 들어요. 이 곳 아이들도 좋고요. 이 곳을 떠나 다른 곳에 가서 아이들을 가르치는 일은 없을 거예요."

"정말이요? 제인 선생님은 상류 계급의 가정교사로도 손색이 없어요."

우리는 이런저런 이야기를 나누었다.

내가 보기에 올리버 양의 아버지는 올리버 양과 존이 결혼하기를 바라는 것 같았다. 물론 존은 재산이 없는 가난한 사람이었지만, 그 집 가문과 목사라는 신성한 직업이라면 충분하다고 여기는 것 같았다.

11월의 어느 일요일이었다. 나는 교회를 갔다 와서 집안 청소를 했다. 그리고 오후에는 독일어 책을 번역했다. 몇 페이지밖에 진도가 나가질 않아 스케치북과 물감을 꺼냈다.

나는 올리버 양의 초상화를 끝내기로 했다. 이제 색깔만 입히면 되었다. 그림 그리는 데에 몰두하고 있을 때 누군가 문을 두드렸다. 존 목사였다.

"휴일을 어떻게 보내시나 해서 놀러 왔습니다. 그림을 그리시고 있었군요. 이 책을 한 번 읽어 보세요. 심심하실 것 같아 갖고 왔습니다."

그는 테이블 위에 책을 올려놓았다. 새로 발간된 시집이었다. 존 목사는 내가 그린 그림을 바라보고 있었다. 나는 직감적으로 그가 나에게 무슨 말인가를 하고 싶어한다는 것을 알았다.

"존 목사님, 여기 앉으세요."

나는 의자를 내 주었다.

"그림을 무척 잘 그리시네요. 색깔도 맑고."

"이 그림의 주인공이 누군지 아시겠어요?"

"올리버 양이군요."

나는 올리버 양이 존 목사를 좋아하고, 올리버 양의 아버지 역시 존 목사와 자기 딸이 결혼하는 것을 은근히 바라는 것을 알고 있었기에, 이 참에 두 사람을 연결해 주고 싶었다.

"올리버 양은 존 목사님을 많이 좋아하는 것 같던데……. 그리고 올리버 양의 아버지도 존 목사님을 마음에 들어 하시는 것 같고요."

"올리버 양이 저를 좋아한다고요?"

"그럼요, 만나면 존 목사님 이야기만 하는걸요."

"사실, 저도 올리버 양을 사랑합니다. 하지만 그녀는 내 아내가 되기에 부족합니다. 나에게 맞는 배필이 아니지요. 그녀는 아름다운 여자지만 결점이 있어요. 그 결점은 내가 하고 싶어하고 사명으로 여기는 일들을 공감하지 않는다는 점입니다. 그녀가 선교사의 아내가 될 수 있을까요? 아니오. 그녀는 결코 될 수 없습니다."

"목사님이 선교사가 되는 것을 포기하면 안 되나요? 여기서 일하시는 것만으로도 충분히 보람 있는 일 아닐까요?"

"내가 가치 있게 여기는 일을 포기하라고요? 내 목숨보다 소중한 그 일을 포기하라고요? 나는 그 일을 하기 위해 태어난 사람입니다."

우리는 얼마 동안 서로 말을 하지 않았다.

"올리버 양이 많이 실망할 텐데요. 그것은 걱정되지 않으세요?"

"올리버 양의 주변에는 언제나 남자들이 대기하고 있습니다. 일주일이면 그녀는 나를 잊을 수 있을 거예요. 그리고 그녀를 행복하게 해줄 남자와 결혼하겠지요."

"목사님, 당신은 지금 굉장히 이성적으로 말씀하시지만 사실 무척 고민하고 있다는 게 보입니다."

"그래요? 전혀 그렇지 않은데요."

"목사님은 올리버 양이 학교에 오면 얼굴이 발개지십니다. 그리고 조금 떠시지요."

"아니오. 당신이 오해하고 있는 거요."

나는 존 목사의 말을 믿을 수 없다며 웃었다.

"제인 선생, 나는 당신이 근면하고 성실한 여자라고 생각합니다. 혹시 당신의 과거가 아직도 당신을 힘들게 하나요? 나는 당신이 조금은 안타깝습니다."

그리고 존 목사는 내가 그린 그림 밑에 깔아 둔 종이를 재빠르게 찢었다. 그 종이는 그림 물감이 번지지 않도록 스케치북 밑에 깔아 놓은 종이였다. 그 종이에는 그림 물감이 스며들어 있었다. 나는 존 목사의 그런 행동이 조금 이상했다. 존 목사는 황급히 나에게 인사를 하고는 사라졌다.

33

밖에는 눈이 내리고 있었다. 밤이 되자 눈은 눈보라가 되었고, 밤새도록 무섭게 내렸다. 다음 날은 기온이 많이 떨어져 무척 추웠다. 폭설과 추운 날씨 때문에 사람들은 집 밖으로 나갈 수가 없었다. 높이 쌓인 눈 때문에 길을 오갈 수도 없었다.

나는 집에서 난롯불을 켜고 의자에 앉아 전날 존 목사가 주고 간 시집을 읽었다. 시는 너무도 아름다운 언어로 채워져 있었다. 나는 시의 리듬과 운율에 빠져들어 눈보라는 잊어버렸다.

그 때 요란하게 문이 흔들렸다. 나는 바람이 문을 흔든다고 생각하고 다시 시를 읽었다. 그러나 누군가 내 이름을 부르는 것 같아서 나가 보았다.

존 목사였다. 추운 날씨와 눈보라 속을 뚫고 나를 찾아온 것이다. 나는 조금 어리둥절했다.

'이 날씨에 급하게 나를 찾을 일이라도 생긴 걸까?'

문을 열며 나는 존 목사에게 물었다.

"무슨 일이에요? 안 좋은 일이라도 생겼나요?"

"아니에요. 아무 일도 없어요. 여기까지 오느라 내가 얼마나 고생한 줄 아시오? 허리까지 올라오는 눈을 헤치고 왔어요."

"무사히 왔으니 다행이긴 한데……. 도대체 무슨 일이세요?"

"잠깐 얘기할 것이 있습니다. 어제 다 하지 못한 이야기를 하고 싶군요."

나는 존 목사의 행동을 이해할 수 없었다.

'무엇이 그리 급하기에 이런 날씨에 나를 찾아왔을까?'

그는 의자에 앉더니 아무 말 없이 한참 동안 손으로 턱을 괴고 난롯불을 쳐다보았다. 무척 고민이 많아 보였다.

내가 먼저 입을 열었다.

"다이애나와 메어리와 함께 사시는 게 좋겠어요. 혼자 지내는 모습이 딱해 보입니다. 목사님 건강에도 좀 신경을 쓰세요."

"아니에요. 저는 건강합니다. 제인 선생님이 보시기에 내가 아픈 사람처럼 보이나요?"

우리 두 사람 사이에는 어색한 침묵이 흘렀다. 나는 읽던 시집을 다시 폈다. 그는 잠자코 앉아 있더니 주머니에서 수첩을 꺼내 그 안에 있던 편지를 읽었다. 그리고 다시 그 편지를 접어 수첩 속에 넣고는 아무 말 없이 있었다. 나는 그 편지 내용이 궁금했다.

"메어리와 다이애나는 잘 지내죠? 무슨 소식은 없나요?"

"일주일 전에 온 편지가 전부입니다."

"영국을 떠나 선교사로 나가는 계획은 잘 진행되나요? 혹시 예정보다 빨리 영국을 떠나시는 건 아닌가요?"

"빨리 떠난다면 내게는 좋은 일이지요. 하지만 나에게 그런 기회가 빨리 올까요?"

우리는 다시 말이 없었다. 시계는 여덟 시를 알리고 있었다. 시간이 많이 지났다는 것을 안 존 목사는 초조한 듯 나를 향해 말했다.

"제인 선생님, 책은 나중에 읽고 나와 이야기 좀 합시다. 난로 가까이 오십시오."

나는 존 목사가 이상했지만 그가 하자는 대로 했다.

"내가 이야기 하나를 들려줄 테니 잘 들어 봐요. 20년 전 어떤 가난한 전도사와 부잣집 딸이 사랑을 했죠. 그 두 사람은 많은 사람들의 반대를 이기고 결혼을 했습니다. 그 결과 부잣집 딸은 가족들에게 버림을 받았지요. 그런데 사랑밖에 모르던 두 사람은 결혼한 지 2년도 못 돼 모두 병에 걸려 죽었어요. 그들 사이에는 딸이 하나 있었지요. 그 갓난아기는 갈 곳이 없어 어머니의 친척집으로 가게 되었어요. 바로 외삼촌 댁이었지요. 하지만 그 아이가 운이 없었던지 외삼촌도 금방 죽고 말았어요. 결국 까다로운 외숙모 밑에서 자랐지요. 외숙모라는 사람은 그 아이를 10년 동안 키우다가 로드 학원에 보냈습니다. 거기서 그녀는 공부를 하고 나중에 그 곳의 교사가 되었지요. 그녀는 유능하고 마음씨 고운 선생님이었어요. 그러다가 그 여자는 가정교사가 되기 위해 로드 학원을 사직했어요. 제인, 어때요? 이 이야기는 당신의 이야기와 똑같지 않습니까? 내가 하는 이야기를 더 들어 봐요. 그 후 그녀는 로체스터 씨라는 사람의 양녀를 맡아 가르쳤습니다."

"존 목사님!"

나는 존 목사의 말을 가로막았다.

"잠깐만 참으시오."

존 목사는 이야기를 계속 했다.

"로체스터 씨가 어떤 사람인지 나는 몰라요. 하지만 그가 그 가정교사에게 결혼하자고 했고, 그녀는 결혼을 승낙했지요. 그러나 결혼식 날, 모든 것이 깨어지고 말았습니다. 로체스터 씨에게는 부인이 있었거든요. 그것도 살아 있는 부인이. 하지만 그 부인은 정신 병자였어요. 그리고 나서 그 집 가정교사가 사라졌어요. 언제 어디로 갔는지 알 수 없었지요. 소온필드에 사는 그 집 식구들은 그 가정교사를 찾으려고 애를 썼지만 찾을 수 없었어요. 영국 전체를 샅샅이 뒤졌지만 말입니다. 그래서 그들은 신문에 광고를 냈지요. 나는 그 소식을 브리그스라는 변호사로부터 편지로 전해 들었어요. 이상하지 않나요? 자, 이제 이야기를 해 주십시오. 제인 선생."

"존 목사님, 로체스터 씨는 어떻게 되었다고 합니까? 지금 어떻게 지내고 있다고 해요?"

"나는 그 사람에 대해 아는 것이 없습니다. 내가 받은 편지는 그 사람의 불법이 적힌 내용뿐이에요. 제인 선생, 당신은 그 여자의 이름이 무엇인지 물어야 하지 않나요?"

하지만 나는 존 목사의 질문과 전혀 다른 말을 했다.

"그 광고는 누가 했나요? 로체스터 씨입니까?"

"아닙니다. 페어팩스 부인이라고 합니다."

나는 깜짝 놀랐다. 로체스터 씨는 내가 염려했던 것처럼 실의에 빠져 있는 것이다.

"제인 선생, 나는 로체스터 씨의 일보다 다른 사람의 일이 더 궁금합니다. 당신이 그 가정교사가 맞지요? 여기 중요한 사실을 기록한 서류가 있어요."

그리고 존 목사는 주머니에서 다시 수첩을 꺼내 수첩 속에서 황급히 종이를 꺼냈다. 나는 그 종이가 어젯밤 우리 집에 와서 찢은 종이라는 것을 알았다.

존 목사는 그 종이를 내게 내밀었다. 그 종이에는 제인 에어라는 이름이 새겨져 있었다. 내가 그림을 그리고 서명을 한 것이 그 종이에 배인 것이다. 아마도 나는 무심코 그렇게 서명했을 것이다.

존 목사는 말을 이었다.

"브리그스는 어제 나에게 제인 에어라는 사람에 대해 편지를 보냈습니다. 광고는 제인 에어라는 사람을 찾는 것이었지요. 나는 물론 제인 에어라는 사람을 몰랐습니다. 내가 알고 있는 사람은 제인 엘리어트였으니까요. 하지만 나는 의심이 생겼지요. 그러다 어제 당신의 그림을 보고 그 의심을 풀 수 있었습니다. 그 동안 당신은 이름을 속이고 있었던 거지요. 내 말이 틀렸소?"

"맞아요, 제가 제인 에어입니다. 그런데 브리그스 씨는 어디 계시나요? 그 사람이라면 로체스터 씨에 대해 알고 계실 텐데요."

"그는 런던에 있어요. 그것밖에 모릅니다. 그런데 브리그스 씨가 관계하고 있는 사람은 로체스터 씨가 아니에요. 바로 당신의 큰아버지이지요. 당신의 큰아버지가 돌아가셨습니다. 그런데 당신에게 그의 전재산을 물려주었다고 합니다. 그래서 당신이 부자가 된 것을 알리고 당신을 찾기 위해 광고를 낸 것이었어요."

"제가 부자가 되었다고요?"

"제인, 당신은 어마어마한 유산 상속자요."

나는 아무 말도 하지 못했다.

"제인 선생, 당신이 제인 에어라는 것을 증명해야 유산을 상속받을 수 있습니다. 하지만 어려울 것 없지요. 브리그스가 유언서와 여러 서류들을 보관하고 있으니까요. 그런데 당신은 재산이 얼마나 되는지 궁금하지 않나요?"

"얼마나 되죠?"

"2만 파운드."

"뭐라고요? 2만 파운드라고요?"

나는 깜짝 놀랐다. 내가 상속받을 유산이 그렇게 많다니 말이다.

"너무 많은 돈이에요. 혹시 잘못 알고 계신 건 아니에요?"

"아니오. 맞습니다."

"숫자를 잘못 읽은 게 아닐까요?"

"아니오. 분명히 2만 파운드였습니다. 숫자가 아닌 글자로 2만 파운드라고 적혀 있었으니까요."

말을 마친 존 목사는 외투를 걸쳤다.

"자, 나는 이만 가 볼 테니 잘 쉬시오."

존 목사가 밖으로 나가자 나는 머릿속에 떠오르는 것이 있었다.

"잠깐만요, 존 목사님."

존 목사는 나를 뒤돌아 보았다.

"전 브리그스 씨가 어떻게 존 목사님에게 편지를 보냈는지 모르겠네요. 어떻게 그 분이 존 목사님을 아시는 거죠?"

"제인 선생님, 나는 목사입니다. 목사는 항상 이런 사건을 도와야 합니다. 그래서 변호사들은 사건이 생기면 목사들에게 연락을 먼저 하지요."

"존 목사님, 그 대답은 충분하지 않아요. 저는 이 사건에 대해 더 알아야겠어요."

"다음에 기회가 있다면, 그 때 들려 드리지요."

"아니오, 저는 지금 알아야겠어요."

나는 존 목사를 보내 주지 않았다. 존 목사는 무척 난감한 표정을 지었다.

"말씀해 주세요, 존 목사님. 저에게는 이 사건이 아주 중요합니다."

"다이애나와 메어리에게 들어 보세요. 그들에게 듣는 편이 훨씬 나을 겁니다."

하지만 내가 계속 조르자, 그는 할 수 없다는 표정으로 외투를 벗고 다시 의자에 앉았다. 나는 그의 얘기를 듣고 깜짝 놀랐다.

존 목사의 어머니는 바로 내 아버지의 누나였다. 즉 존 목사의 어머니는 나의 고모였던 것이다. 그것은 바로 다이애나와 메어리 그리고 존 목사와 내가 사촌이라는 말이었다. 나에게 유산을 물려주신 큰 아버지는 바로 존 목사의 외삼촌이었다.

우리가 사촌이라는 사실을 알고 나는 존 목사의 얼굴을 찬찬히 살펴보았다. 나는 나의 혈육을 찾은 것이었다. 나의 사촌오빠와 사촌언니들을 찾은 것이다. 나는 이 사실을 알고 얼마나 기뻤는지 모른다.

'나에게도 친척이 있다니……'

"존 목사님, 저는 이렇게 친척을 만나게 되어 얼마나 기쁜지 모르겠습니다. 이렇게 어른이 된 사촌 형제들을 만나게 되다니 말입니다."

나의 생명을 구해 주고 나에게 일자리와 잠잘 곳을 마련해 준 고마운 사람들이 바로 나의 혈육이었다니…….

나는 내가 상속받을 2만 파운드를 이 세 사람과 나누어야겠다고 생각했다. 우리 네 사람이 나누면 모두 5천 파운드씩 나누어 갖는 것이다.

그 날 밤, 존 목사는 나에게 좋은 오빠가 되어 주겠다는 말을 했다. 우리는 웃으며 악수를 했다.

그 후 우리는 유산을 나누었다. 나는 내 유산을 존과 메어리와 다이애나에게 양도한다는 사인을 했다. 물론 여기까지 오는 데 어려움이 없었던 것은 아니다. 우리는 몇 차례 싸우기도 했다. 그들이 나의 유산을 받지 않으려 했기 때문이다. 하지만 나의 희망대로 결국 그들에게 유산을 양도할 수 있었다.

34

모든 문제가 처리되고 나는 학교를 떠날 준비를 했다. 학생들을 가르치는 일도 중요했지만 나 자신의 인생을 다시 설계하고 계획하는 일도 중요했기 때문이다. 학생들은 나와 헤어지는 것을 섭섭해했다. 물론 나도 섭섭하고 슬펐다. 그러나 감정에 치우쳐 나의 길을 포기하는 것은 현명한 일이 아니었다.

존 목사는 나에게 말했다.

"제인, 꼭 이렇게 떠나야 하겠니? 몇 개월 동안 보람 있는 일을 했고, 앞으로 계속 이 일을 하는 것이 좋다고 생각하지 않니?"

"좋은 일이지요. 하지만 언제까지나 이 일을 할 수는 없어요. 나도 나의 능력을 개발할 시간이 필요해요. 지금이 바로 나 자신을 위해 공부하고 투자할 때라고 생각해요. 그러니 저에게 학교에 남아 달라는 말은 하지 말아 주세요. 당분간은 쉬었으면 해요."

"대체 무엇을 하려고?"

"활동적인 일이죠."

"어디로 가려고 하는데?"

"바로 오빠와 언니들이 묵던 집으로요. 그 집에 가서 당분간 있으려고요. 오랫동안 비워 두었던 그 집을 깨끗이 청소하겠어요. 곧 언니들도 그 집으로 돌아온다고 하니 그 전에 부지런히 치워야겠지요."

"그래, 그러렴. 그 집에서 두 달 정도 쉬는 것도 좋겠지. 하지만 네가 갖고 있는 재산을 낭비하지는 말거라. 네가 부자가 되었다고 해서 감각적이고 화려한 것에 마음을 빼앗기지 않았으면 해. 변함 없이 가치 있는 일들을 위해 살았으면 해."

"물론이지요."

나는 흔쾌히 대답했다.

나는 학교를 그만두고 한나와 함께 예전에 내가 그 가족을 처음 만났던 집으로 돌아왔다. 한나와 나는 집 안 구석구석을 청소했다. 처음에 들어왔을 때 먼지가 자욱했던 집은 어느 새 반짝반짝 윤이 났다.

며칠 후 존 목사와 다이애나와 메어리가 왔다.

그 곳에서 우리는 즐거운 나날을 보냈다. 하지만 그런 가운데서도 로체스터 씨에 관한 궁금증은 떠나지 않았다. 유산 문제로 브리그스 씨와 이야기를 할 때도 로체스터 씨에 대해 물어 보았지만 잘 모른다고 했다. 그래서 나는 페어팩스 부인에게 편지를 보냈다. 그러나 2주일이 지나도록 답장이 없었다. 나는 다시 편지를 보냈다. 하지만 6개월이 지나도록 페어팩스 부인에게서는 연락이 없었다. 나는 연락이 없자 불안해졌다.

'로체스터 씨 소식을 한 번만이라도 들었으면…….'

어느 날 아침, 한나가 나에게 편지 한 통을 전해 주었다. 페어팩스 부인에게서 온 편지가 아닐까 기대를 했지만 브리그스 씨에게서 온 것이었다. 나는 기대가 무너지는 슬픔에 젖었다. 내 기분을 알았는지 존 목사가 말을 걸어 왔다.

"제인, 책을 읽지 그래. 그러면 좀 나아질 거야. 좀더 기다려 보자고."

내가 어느 정도 슬픔을 가라앉히고 제정신을 차렸을 때, 존 목사가 산책을 하자고 했다.

"다이애나와 메어리도 함께 가요."

"아니, 오늘은 우리 둘만 가자."

우리는 나란히 오솔길을 걸었다. 한참을 말없이 걷기만 했다. 둘이 앉기에 넉넉한 바위 하나를 발견한 존 목사는 거기에 앉자고 했다.

"제인, 나는 이제 6주일 후면 이 곳을 떠난다. 동인도로 가는 배를 타게 될 거야."

"늘 하느님께서 오빠와 함께하실 거예요. 오빠는 하느님의 일을 하는 사람이니까요."

"제인, 나와 함께 그 곳으로 가자. 내 친구가 되어 줘."

나는 존 목사의 말에 깜짝 놀랐다.

"나는 선교를 몰라요. 전도도 할 줄 모르고요."

"하지만 제인, 너는 전도할 수 있는 힘이 있어. 처음엔 어렵겠지만 곧 익숙해질 거야."

"난 아니라고 생각해요. 나에겐 전도할 힘이 없어요."

"아니, 제인은 할 수 있어. 나는 제인을 처음부터 유심히 보았어. 학교에서 아이들을 가르치는 것이 힘들지 않을까, 자기 적성에 맞지 않을까 걱정했지만 제인은 잘 해냈어. 그것도 아주 훌륭하게. 그리고 제인이 부자가 되어서도 순수한 마음을 잃지 않은 것을 보고는 더욱 놀랐지. 물질적인 부유함도 결코 제인의 마음을 훼손시키지 않는다는 것을 알았기 때문이야. 그리고 그 재산을 우리 형제들에게 나누어 준 것에 대해서는 더 이상 말할 필요도 없겠지. 제인은 근면하고 어려움을 잘 이겨 내는 씩씩한 여성이야. 제인, 자신의 능력을 제한하지 마. 제인은 얼마든지 동인도로 가서 하느님 일을 할 수 있어. 그 곳에서도 아이들을 훌륭하게 가르칠 수 있을 거야."

존 목사의 설득력은 놀라웠다. 그의 설득에 조금씩 마음이 움직이게 되었으니 말이다.

'나의 소임이 과연 오빠와 함께 동인도에 가서 전도하는 일일까?'

나는 머리가 복잡해졌다. 나는 존 목사에게 생각할 시간을 달라고 했다.

그리고 한참 뒤에 마음속의 생각이 정리되자 그에게 말했다.

"오빠, 나는 오빠를 따라 인도로 가겠어요. 하지만 한 가지 조건이 있어요. 자유로운 몸으로 가겠어요."

"자유로운 몸이라니? 그게 무슨 말이야?"

"오빠는 나의 친척이에요. 그리고 우린 사촌 형제고요. 우리는 언제까지나 이런 사이여야 해요."

순간 존 목사의 표정이 굳어졌다.

"제인, 그건 곤란해. 함께 선교를 떠난다는 것은 부부가 되어야 한다는 거야."

하지만 나는 존과 결혼해서는 안 된다고 생각했다.

"오빠는 나의 사촌 오빠일 뿐이에요. 그 이상은 아니라고요."

"제인, 나와 함께 인도에 가겠다고 했잖니?"

"오빠, 다시 한 번 말하지만 나는 오빠와 사촌 형제로 가는 것이에요. 전 오빠와 결혼할 수 없어요. 나는 오빠의 한 부분이 될 수 없어요."

"아니, 제인. 제인은 나의 한 부분이 되어야 해."

"결혼은 안 돼요. 제발 결혼에 대한 희망은 버리세요."

존 목사의 표정은 어둡게 가라앉아 있었다. 우리는 집으로 돌아오면서 아무 말도 하지 않았다.

35

존 목사가 케임브리지로 떠나기 전날 밤, 나는 존에게 좋은 여행을 하고 오라고 명랑하게 말했다.

"고마워, 제인. 두 주 후면 다시 돌아와. 그 때까지 잘 생각해 보길 바란다. 나는 네가 나와 함께 하느님의 거룩한 일을 해야 한다는 생각에 변함이 없어. 하느님이 원하시는 결정을 내려 주길 바래."

그러면서 그는 내 머리에 손을 얹었다. 나를 보는 존의 눈빛은 이성을 바라보는 남자의 눈빛이 아니었다. 어린양을 보살피는 목자의 눈이었다. 목사가 성도를 안타깝게 바라보는 눈이었다.

나는 존 목사에게 경외의 마음을 가졌다. 그는 훌륭한 목사였다. 나의 마음이 움직이는 것 같았다. 그와 결혼을 해야 할 것 같았다. 그는 남편으로서 그리스도 인으로서 흠잡을 것이 없는 남자였다.

'자, 제인, 어떻게 하겠니?'

나의 내면은 빨리 결정을 내리라고 재촉했다. 나는 그와 함께라면 어떤 어려움도 이겨 낼 수 있을 것 같았다.

나는 나도 모르게 이렇게 말했다.

"당신과 결혼하는 것이 하느님의 뜻이라면 당장이라도 결혼하겠어요."

존 목사의 얼굴은 기쁨으로 환해졌다. 하느님께서 자기의 기도를 들어주셨다고 환호하고 있었다. 얼마 전까지도 거룩했던 목사의 얼굴은 온데간데없고, 청혼을 허락 받은 기쁨에 들뜬 남자가 되어 있었다.

하느님의 뜻이라면 결혼하겠다는 말을 하고도 나는 불안했다. 이것이 현명한 선택인지 확신이 서질 않았다. 그 때, 갑자기 내 눈에 이상한 불이 보였다. 심장의 고동이 빨라지고 나는 숨을 쉴 수가 없었다. 다리가 휘청거렸다. 놀란 존은 나를 부축하고는 내 이름을 불렀다.

"제인! 제인!"

그리고 또 다른 남자의 목소리가 나를 불렀다.

"제인! 제인!"

오오! 그것은 분명히 소온필드의 로체스터 씨의 목소리였다. 나는 밖으로 뛰어나갔다.

"로체스터 씨, 어디에 있나요?"

"제인, 도대체 왜 이러는 거야?"

나는 정원에서 사방을 두리번거리며 로체스터 씨를 찾았다. 존 목사가 내 뒤를 따라와 나를 붙잡았다. 나는 몸부림치며 외쳤다.

"로체스터! 로체스터!"

그러고는 쓰러지고 말았다.

36

새벽이 되어 나는 눈을 떴다. 내가 어떻게 침대에 누워 있는지 잘 기억이 나질 않았다. 누군가가 내 방문 밑으로 밀어놓은 편지가 보였다. 나는 그것이 존 목사가 쓴 것이라고 생각했다. 역시 그였다. 그는 이미 케임브리지로 떠난 뒤였다.

> 제인, 너에게 인사도 없이 떠난다. 두 주일 후 돌아오면 그 때 너의 확실한 답을 해 주기 바란다. 나는 늘 너를 위해 기도하겠다.
>
> 너를 사랑하는 존

6월 1일이었다. 구름이 끼고 쌀쌀한 날이었다. 그리고 비가 세차게 내렸다.

'영국을 떠나기 전에 로체스터 씨를 한번 만나 보아야겠다.'

나는 아침을 먹으면서 메어리와 다이애나에게 여행을 떠나겠다고 말했다. 아마도 나흘 정도 걸릴 것이라고 말했다.

"혼자서 간다고, 제인?"

"어디로 갈 건데?"

"옛날 친구를 만나러 가요."

메어리와 다이애나는 내 여행에 대해 더 이상 묻지 않았다.

나는 오후가 되자 길을 나섰다. 소온필드로 가는 마차를 찾아 여행 길에 올랐다. 서른여섯 시간이나 걸리는 길이었다. 화요일 저녁에 길을 떠났고, 목요일 아침이 되자 나는 마부에게 물었다.

"얼마나 더 가야 하나요?"

"이제 저 들판만 넘으면 됩니다."

"그래요? 이젠 저 혼자 갈게요."

나는 마차에서 내려 혼자 들판을 걸었다. 많은 생각이 스쳤다.

'로체스터 씨는 어떻게 지내고 있을까? 혹시 영국으로 떠난 것은 아닐까?'

소온필드가 가까워질수록 내 심장은 무섭게 뛰었다. 이 모퉁이만 돌면 이제 소온필드가 보인다. 나는 숨을 죽이고 모퉁이를 돌았다.

아! 그런데 내 눈앞에 펼쳐진 것은 웅장한 소온필드가 아니었다. 폐허가 된 소온필드였다. 그 집은 황폐해져 있었다. 그 집 근처는 생명력이라고는 전혀 없었다. 나무도 잔디도 모두 불에 타 있었다.

내가 편지를 보냈을 때 답장이 오지 않은 것이 이 일과 관계된 것이라는 생각이 퍼뜩 들었다. 나는 소온필드의 모습을 보고 이 집에 큰 화재가 있었다는 사실을 알 수 있었다.

나는 마을로 내려와 한 가게로 들어섰다.

나는 가게 주인에게 물었다.

"소온필드를 아시나요?"

"그럼요. 전 그 집의 하인이었답니다."

하지만 처음 보는 얼굴이었다.

"돌아가신 로체스터 씨의 하인이었거든요."

돌아가셨다는 말에 나는 갑자기 현기증이 났다.

"돌아가셨다니요?"

"지금 있는 에드워드의 아버지 말입니다."

나는 안도의 숨을 쉬었다. 그의 말대로라면 로체스터 씨의 아버지를 말하는 것으로, 내가 사랑하는 로체스터 씨는 죽지 않았다는 말이 되었으니까.

"소온필드는 잿더미가 되었어요. 그 많은 재산도 모두 불에 타 버렸지요. 소방차가 오기도 전에 그 집은 완전히 불길에 휩싸였답니다. 정말 무서웠어요."

"왜 불이 났죠?"

"그 집에 정신병자가 있었거든요. 우리는 예상을 했어요. 언젠가는 그 집이 정신병자 여자 때문에 큰 어려움을 겪을 거라고요. 그 여자는 감금당해 있었어요. 그런데 그 집에 가정교사가 들어왔죠. 로체스터 씨가 그만 그 교사를 사랑했대요. 자그마치 나이가 스무 살 차이가 나는 아가씨를 말입니다."

"그런 이야기말고 화재에 대해 이야기해 주세요. 그 정신병자가 불을 낸 것입니까?"

"그 미친 여자가 불을 냈지요. 정말 한순간에 일어난 일이었어요."

"정신병자를 돌보는 사람은 뭘 하고 있었나요?"

"미친 여자를 돌보는 그레이스라는 여자가 있었는데……. 그 여자는 술을 아주 좋아해서 몰래몰래 술을 마셨다지 뭡니까? 그 날 술을 굉장히 많이 마시고는 취해 잠이 들었나 봐요. 그 때 그 미친 여자가 자기 방에서 몰래 빠져 나와 불을 지른 거지요. 먼저 자기 방에 불을 지르고 가정교사 방에 불을 질렀지요. 다행히 가정교사는 두 달 전에 집을 나갔어요. 로체스터 씨는 그 가정교사를 찾으려고 무척 애를 썼나 봐요. 하지만 찾을 수 없었대요. 나중에는 페어팩스 부인과 아델을 친구 집으로 보내고 외부하고는 인연을 끊은 채 그 집에 혼자 파묻혀 있었지요."

"로체스터 씨는 영국을 떠나지 않았나요?"

"아니오. 그는 그 집을 떠나지 않았어요. 밤마다 정원과 과수원을 귀신처럼 돌아다녔어요."

"불이 났을 때 로체스터 씨는 어디에 있었지요?"

"그 때 집에 있었대요. 집이 불바다가 되었을 때 하인들을 깨워 피신하도록 하셨어요. 그리고 미친 아내를 구하려고 이층으로 올라갔어요. 그런데 그 새 그 부인은 지붕으로 올라가 아래로 뛰어내렸답니다. 그리고 땅에 떨어져 죽었지요."

"그리고요?"

"그 여자가 떨어져 죽자마자 그 집은 폭삭 무너져 내렸습니다."

"다른 죽은 사람은 없어요?"

"없어요. 하지만 차라리 죽는 게 나았을 거예요."

"그건 무슨 소리죠?"

"로체스터 씨는 장님이 되었거든요."

나는 너무 놀라 온몸을 부르르 떨었다.

"어떻게 그런 일이……."

"로체스터 씨는 집이 무너지면서 대들보에 깔렸습니다. 그러면서 한쪽 눈이 튀어나왔고 한 손은 완전히 불에 이지러졌습니다. 그래서 외과 의사인 카터가 그 손을 잘랐어요. 그러다가 다른 한쪽 눈에도 염증이 생겨 실명하고 말았죠. 그는 이제 장님에다가 불구자가 되어 버렸답니다."

"그 분은 지금 어디 사시죠?"

"여기서 50킬로미터 정도 떨어진 마을에 삽니다."

"누구랑 살지요?"

"하인 몇 명과 살고 있어요. 다른 사람은 만나려고도 하지 않습니다."

나는 가게 주인에게 그 곳까지 갈 마차를 부탁했고, 마차를 타고 그 곳을 찾아갔다.

37

로체스터 씨가 살고 있는 집은 아주 낡은 집이었다. 집은 숲 속에 있었다. 언젠가 로체스터 씨가 이야기한 적이 있는 집이었다. 사냥을 할 때 쓰려고 사 놓았다고 했었다.

나는 밤이 되기 전에 그 곳에 도착했다.

열린 문틈으로 한 남자의 얼굴이 보였다. 어두웠지만 그가 누군인지 알아볼 수 있었다. 로체스터 씨였다.

그는 천천히 손으로 더듬거리며 방향을 찾아 움직였다.

"똑똑똑."

나는 문을 두드렸다. 문소리를 듣고 누군가 달려왔다. 그는 로체스터 집에 있던 하녀 메리였다.

"메리, 잘 있었어요?"

메리는 나를 보고 깜짝 놀랐다.

"아니, 제인 선생님!"

나는 그녀의 손을 잡았다. 그녀는 나를 부엌으로 안내했다.

"메리, 로체스터 씨에게 가서 내가 왔다고 말하지 말고 손님이 찾아 왔다고 전해 줘요."

"주인님은 아무도 만나려고 하지 않아요."

"그럼, 내가 직접 갈게요."

나는 쟁반에 주전자를 들고 그의 방으로 갔다. 응접실을 지났을 때 로체스터 씨가 키우던 개가 꼬리를 흔들며 뛰어올랐다. 나를 알아본 것이다. 나는 로체스터 씨의 방으로 조용히 들어갔다. 개도 나를 따라 들어왔다. 나는 개에게 가만히 앉아 있으라고 말했다. 그 목소리를 들은 로체스터 씨가 물었다.

"메리?"

하고 물었다.

"아뇨, 메리는 지금 부엌에 있어요."

그는 당황하며 물었다.

"그럼, 당신은 누구지?"

"물을 드세요. 너무 놀라 물을 반이나 넘게 흘렸어요."

"말해 보시오. 당신은 누구요?"

"제인이에요."

그는 아무 말도 하지 않고 내 손을 찾아 더듬었다.

"맞아. 이건 제인의 손이야. 제인의 손이라고."

그러고는 나를 세게 껴안았다.

"제인, 제인!"

그는 내 이름만을 불렀다.

"로체스터 씨, 이제 나는 당신을 찾았어요. 이제 당신 곁으로 돌아왔다고요."

"제인, 제인! 그게 정말이오? 정말 내가 사랑하는 제인이 맞소?"

내가 그에게서 몸을 빼려 하자 그는 더 세게 나를 안았다.

"안 되오. 가면 안 되오. 나는 당신을 보낼 수 없소."

"로체스터 씨, 걱정 마세요. 전 당신을 떠나지 않아요."

"하지만 제인, 그건 내 욕심이오. 당신을 평생 나의 간호사로 살게 할 수는 없소. 당신은 결혼해야 하오."

"그런 말씀 마세요. 이제 우린 만났어요. 앞으로 영원히 같이 있을 수 있어요."

다음 날, 로체스터 씨와 나는 야외로 나갔다.

로체스터 씨는 가끔씩 내가 자기 옆에 와 있다는 사실이 믿어지지 않는지 나를 자주 안아 보고 확인했다.

"당신이 소온필드를 떠났을 때 내 기분이 어땠는지 아오? 아무것도 없이 떠난 당신을 내가 얼마나 걱정하고 그리워했는지 당신은 아마 모를 거요. 자, 그 동안 어떻게 지냈는지 말해 보오."

나는 소온필드를 떠나 겪은 일들을 이야기해 주었다. 그러면서 존 목사 이야기를 많이 했다.

"존은 당신 사촌이오?"

"네."

"좋은 사람이군."

"그럼요, 훌륭하고 유능한 사람이죠."

"그 분은 저를 동인도에 데리고 가려 했어요. 함께 선교를 하자고요. 청혼도 했어요."

나는 이 말이 로체스터 씨의 마음을 다치게 한다는 것을 알고 있었다. 그러나 나는 그가 질투하는 것을 보고 싶었다.

"제인, 당신은 나를 떠나겠군."

그리고 잠시 후에 다시 물었다.

"제인은 학교 근처에 집이 있다고 했는데, 그가 그 집에 자주 놀러 왔소?"

"가끔요."

"밤에도 왔었소?"

"한두 번 정도."

"제인, 당신은 내 곁을 떠나도 좋소. 당신은 나에게 마음이 없소. 당신은 이제 나의 귀여운 제인이 아니군. 나는 당신이 나를 떠났을 때도 나를 사랑하고 있을 거라고 생각했었소. 하지만 당신은 나를 잊고 금방 다른 사람을 만났군. 제인, 어서 가서 존과 결혼을 하구려."

"로체스터 씨, 나는 당신을 떠나지 않아요."

"아니오. 그 사람 곁으로 가시오."

"그 사람과 저는 서로 사랑하지 않아요. 그 사람은 사랑하는 사람이 따로 있어요. 그런데 그 여자는 선교사로 일하는 데 도움이 될 만한 여자가 아니에요. 그래서 자기의 아내로 나를 택한 거예요. 나를 사랑하는 건 아니지만 내 성격과 태도가 하느님을 경외하고 있다는 것을 알고, 선교사의 아내로 적합하다고 생각하고는 결혼을 하자고 한 거지요. 나는 그 사람과 같이 있는 것이 기쁘지 않았어요. 당신과 있으면 이렇게 행복한데 말예요. 그래도 내가 당신을 떠나 그에게 가야 하나요?"

"그게 정말이오? 제인!"

나는 그의 감겨진 눈에서 눈물이 흐르는 것을 보았다.

"제인, 나는 장님이오. 이런 나와 살 수 있겠소?"

"물론이에요."

"제인, 나와 결혼해 주겠소?"

"그럼요, 영원히 당신 곁에서 당신을 지켜줄게요."

그는 다시 뜨거운 눈물을 흘렸다. 그리고 나를 안고 기도했다.

"나에게 자비를 베푼 하느님, 감사합니다. 앞으로는 제가 살아 온 그 어떤 날보다 더욱 깨끗한 삶을 살 수 있도록 저를 인도하옵소서. 그 힘을 저에게 주시옵소서. 아멘."

38

나는 로체스터 씨와 결혼했다. 우리의 결혼식은 조용했다. 오직 결혼식을 이끌 목사와 우리의 결혼식을 증명할 기록을 남기는 서기만이 있었다.

결혼식을 마치고 우리는 로체스터 씨의 집으로 돌아와 하인들에게 우리가 결혼했음을 알렸다.

나는 편지로 나의 결혼식을 존과 메어리, 다이애나에게 알렸다. 메어리와 다이애나는 나를 이해한다고 답장을 보내 왔다. 하지만 존 목사는 나에게 답장을 하지 않았다.

존 목사는 결혼을 하고 반 년이 지나서야 나에게 편지를 보내 왔지만, 나의 결혼 생활에 대한 얘기는 한 마디도 언급하지 않았다.

나와 로체스터 씨는 아델을 생각했다. 나는 아델을 맡겨 둔 학교를 찾아가 그녀를 데리고 왔다. 학교에서 나를 발견한 아델은 무척 기뻐하며 소리를 질렀다. 아델이 나를 보고 그렇게 기뻐하는 모습에 나는 얼마나 행복했는지 모른다.

아델은 학교 규칙이 힘들었는지 많이 여위어 있었다. 나는 아델을 데리고 집으로 왔다. 그리고 로체스터 씨와 나, 아델은 행복한 가정을 꾸렸다.

나는 다시 아델을 가르치고 싶었지만 상황은 그렇게 되지 못했다. 남편이 나의 손길을 필요로 했기 때문이다.

우리는 다시 아델을 가까운 기숙 학교에 보내고, 그 곳을 가끔씩 방문했다. 아델은 학교에서 나날이 실력이 높아 갔다.

　결혼하고 2년이 지나 내 남편은 런던으로 가서 유명한 의사를 만나 한쪽 눈의 시력을 회복했다. 로체스터 씨는 나를 볼 수 있게 되어 너무나 기뻐했다.

　그렇게 10년의 세월이 흘렀다. 다이애나와 메어리도 결혼을 했고, 우리는 1년에 한 번씩 만났다. 존은 동인도로 가서 선교를 했다. 그는 시련 앞에서도 의연히 자기 일을 했다. 그는 하느님의 사랑으로 사람들을 가르쳤다. 나는 사랑하는 사람과 함께 살면서 나의 길을 갔다. 우리는 이렇게 각자 자기의 길을 갔다.

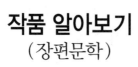

작품 알아보기
(장편문학)

〈제인 에어〉는 샬럿 브론테의 서정미 넘치고 감동적인 작품으로, 암울했던 자신의 성장 과정이 반영되어 있고, 독립심이 강한 여성의 정열과 사랑이 선명히 부각된 작품이다.

격렬하고 반항적인 고아 제인 에어는 숙모집에 얹혀 살다가 얼마 후 쫓겨나다시피 하여 로드 기숙 학교로 보내진다. 제인은 너무나 열악한 환경과 위선적이고 폭력적인 교사들뿐인 그 곳에서 10여 년의 세월을 보내고, 어느덧 어엿한 숙녀가 되어 소온필드 저택의 가정교사로 오게 된다.

저택의 주인 로체스터는 냉소적이고 거만한 사람이었다. 제인은 점점 그를 사랑하게 되지만 좀처럼 로체스터와 가까워지지 않는다. 하지만 일련의 사건을 계기로 둘은 급속도로 가까워지고 로체스터는 제인에게 청혼을 하게 된다.

단꿈에 젖어 있던 제인은 결혼식 날 밤 소온필드 저택의 다락방에 로체스터의 부인이 미친 채 갇혀 있다는 사실을 알게 된다. 심한 충격을 받은 제인은 소온필드 저택을 떠나지만 사랑하는 로체스터를 잊을 수 없어 다시 돌아온다.

그러나 소온필드 저택은 이미 불에 타 없어졌고 로체스터도 두 눈을 잃고 말았다. 하지만 두 사람은 여전히 서로를 사랑하고

작품 알아보기
(장편문학)

있다는 걸 깨닫고 제인은 로체스터와 결혼하기에 이른다.

〈제인 에어〉는 전형적인 성장 소설로, 어린 소녀가 성숙한 여성으로 성장하는 동안, 여성으로서의 고유한 가치를 발견하는 과정을 치밀하게 그려 나간 작품이다.

주인공 제인은 억압적인 사회와 편견에 저항하면서 그 시대로서는 놀랍게도 여성의 주체성을 보여 주고 있다. 유산을 상속받았으나 그 재산을 다른 사촌들과 골고루 나누는 모습이나, 로체스터가 화재로 재산을 잃고 부상당한 뒤에도 그와 결혼하는 점이 바로 그렇다.

이러한 제인의 당당함과 독립심이 무엇보다도 여성 독자들을 사로잡아 당시로서는 굉장한 화제를 불러일으켰는데, 작가가 여자라는 것에 인기는 더욱 상승했다고 한다.

논술 길잡이
(장편문학)

❶ 리드 외숙모는 왜 제인을 '붉은 방'에 가두었는가? 또 제인을 싫어하는 이유는 무엇이었는지에 대해 써 보자.

....

....

....

....

....

❷ 리드 부인이 로이드 아저씨의 권유를 받아들여 제인을 학교에 보내기로 한 까닭은 무엇인지에 대해 쓰라.

....

....

....

....

....

논술 길잡이
(장편문학)

❸ 다음 그림은 브로클허스트 씨가 많은 학생들 앞에서 제인에게 벌을 주는 장면이다. 브로클허스트 씨가 제인에게 벌을 준 이유는 무엇인가? 또 제인이 벌을 받을 만큼 큰 잘못을 저질렀는지 생각해 보고 쓰라.

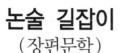

논술 길잡이
(장편문학)

❹ 다음은 제인이 혼자 소온필드를 떠나는 부분이다. 제인이 로체스터 씨와 결혼하지 못한 이유를 쓰고, 새벽에 몰래 소온필드를 떠날 때의 제인의 심정을 상상해서 써 보자.

> 내가 현관문을 열고 뜰로 나왔을 때 어느 새 조금씩 날이 밝고 있었다. 나는 소온필드 정문을 지나 밀코트와 반대되는 길로 갔다. 그 길을 가 본 적은 없었지만 무작정 걸어갔다.
>
> 나는 계속 길을 걸었다. 들판을 걸었고 산을 넘었고 오솔길을 걸었다. 나는 이제 갈 곳 없는 사람이 되었다. 다시 돌아가 로체스터 씨에게 안기고 싶었다. 하지만 나는 이미 길을 떠난 사람이었다.

논술 길잡이
(장편문학)

❺ 제인이 큰아버지가 돌아가시면서 남긴 2만 파운드의 유산을 사촌 형제들과 나누어 가지려고 한 까닭은 무엇인가? 또 만약 나에게 생각지도 않은 많은 돈이 생긴다면 어떻게 쓸 것인지 써 보자.

....

....

....

....

❻ 제인은 불구가 된 로체스터 씨와 결혼하였다. 자신이 만약 제인이라면 어떻게 했을까에 대해 써 보자.

....

....

....

....

논술 길잡이
(장편문학)

❼ 이 작품을 통해 작가가 말하고자 하는 것이 무엇인지 써 보자.

....

....

....

....

❽ 샬럿 브론테의 작품들은 대부분 자전적이고 고백적이다. 그녀의 작품들이 가지고 있는 특징에 대해 조사해서 써 보자.

....

....

....

....

논·술·세·계·대·표·문·학 〈전60권〉

펴 낸 이   정재상
펴 낸 곳   훈민출판사
주   소   경기도 고양시 덕양구 원당동 416번지
대표전화   (031)962-3888
팩   스   (031)962-9998
출판등록   제395-2003-000042호